1781

Günter Gaus

Wendewut

Eine Erzählung

Hoffmann und Campe

CIP-Titelaufnahme der Deutschen Bibliothek

Gaus, Günter:
Wendewut: eine Erzählung / Günter Gaus.
- 1. Aufl. - Hamburg: Hoffmann und Campe, 1990
ISBN 3-455-08379-X

Schutzumschlaggestaltung: Lo Breier
Satz: Utesch Satztechnik GmbH, Hamburg
Druck und Bindung: Mohndruck, Gütersloh
Printed in Germany

Alles war gewonnen, alles war verloren, als die Mauer fiel. Die immer noch junge Frau – ein jeder, der sie kannte, kennzeichnete sie so, obwohl sie ihren vierzigsten Geburtstag seit fünf, sechs Jahren hinter sich hatte – war an dem Abend im Kino gewesen. Als sie ihren Wagen, einen Trabant, der erst vor Monatsfrist ihr ausgehändigt worden war, vor dem Mietshaus nahe der Frankfurter Allee parkte, trat ihr ältester Sohn aus dem Toreingang. Der siebzehnjährige hatte am Fenster gestanden und war die Treppen hinuntergeeilt, als er die Mutter vorfahren sah. »Die Mauer«, sagte er, »die Mauer; alle sind unterwegs; komm.«

Später, wenn sie von der Nacht erzählte, und ein paar Wochen lang erzählte sie immer wieder von ihr, kam sie von so gut wie jedem Thema auf diese Nachtstunden zu sprechen – später zitierte die Frau dann Goethe: »Es war getan, noch eh' gedacht.« So, als seien sie und der Sohn in ihrem Trabant hinübergaloppiert in den Westteil der Stadt; beseligt, wie der Dichter einst von Straßburg nach Sesenheim eilte, die Geliebte zu umarmen.

Als die Frau das erste Mal davon berichtete, mußte sie auf Nachfrage sich zunächst besinnen, welchen Übergang sie und der Junge angesteuert hatten, durch welches Mauerloch sie gespült worden waren. Was Grenzübergang, was Einzelheit – nur das Ergebnis zählte, allein das erreichte Ziel war nennenswert.

Die junge Frau ist belesen und zitierte noch eine Gedichtzeile: »Denn wir leben, wenn wir träumen, und wir träumen, wenn wir leben.«

Das Automobil stellten sie wenige hundert Meter hinter der Mauer ab. Nun wanderten sie. Als sie an der Gedächtniskirche vorbeigekommen waren und bis zum Café Kranzler gelangt (so oft vor dem Fernsehapparat Zaungast dort gewesen, wenn es als Studio für eine Talkshow diente), stemmten sich Mutter und Sohn für ein paar Herzschläge gegen die Menschenmenge, die sie umschloß, wandten sich zueinander, brachen in Tränen aus, umarmten sich. Die Mutter marschierte zum Wagen zurück; zunächst noch schluchzend; dann, so erzählte sie, mit dem stummen Weinen einer abgrundtiefen Erschöpfung. Um drei Uhr war sie, tränenlos jetzt, wieder zu Hause.

Dem Sohn, der sich auf dem Kurfürstendamm noch nicht lösen konnte von der Mittsommernacht im November, hatte sie eingeschärft, pünktlich zum Schulbeginn heimzukehren. Er kam um sechs Uhr im dunklen Morgen und ging anderthalb Stunden später zur EOS, zur erweiterten Oberschule, über die der begehrte direkte Weg zum Abitur in der Deutschen Demokratischen Republik (DDR) führte. Der zweite Sohn, dreizehn Jahre alt, hatte die Nacht verschlafen. Ein Vater ist nicht im Haus.

In den folgenden Monaten war die Frau gereizt, empfindlich, hatte sie nahe am Wasser gebaut. Auch hitzigen Debatten sonst nicht abgeneigt, eher die Rede und Gegenrede noch verschärfend durch ihre Entschlossenheit, sich als emanzipierte Frau zu behaupten, dabei aber großzügig bereit, selbst eigene Argumente zu einem gegnerischen Scherz, einem Witzwort verpuffen zu lassen, wurden ihr jetzt schnell die Augen feucht, wenn im Freundeskreis strittig abgewogen wurde, was gewonnen, was verloren war.

Was die Politiker sagten, bedeutete ihr wenig. Ihre Spottlust bei pompösen Auftritten Helmut Kohls, die nun in der Aktuellen Kamera der schwindenden DDR wie in der Tagesschau der aufgeblähten BRD (ihre Formulierung) gezeigt wurden, war unverändert geblieben. Auch die neuen oder halbneuen Parteien im kaum noch eigenständigen Land weckten in ihr nur ein spärliches Interesse.

Vielleicht würde sie im März das Bündnis 90 wählen, obwohl sie von früher her keine Verbindung zu aufmuckenden Gruppen besaß. Nur in einem Punkt war sie entschieden: Die PDS, Partei des demokratischen Sozialismus, vormals SED, an der Freunde von ihr festhielten, war für die junge Frau »auf ewig erledigt«.

Es war jedoch nicht diese Absage »für den Rest meines Lebens«, die sie verletzlich machte, ihr die Augen feuchtete, sobald im kleinen Kreis, nun die Mauer gefallen war, alte Bilanzen neu geprüft wurden. Im Blick auf die SED hatte die Frau außer einer formalen Mitgliedschaft wenig aufzugeben. Sie hatte verschwiegenen Anteil genommen an dem öffentlichen Widerspruch gegen die Ausbürgerung des Liedermachers Biermann im Jahre 1976. So gut es ging – ihr Arbeitsplatz im Kulturbetrieb der DDR erleichterte es ihr –, war sie unterrichtet gewesen über Bücher, die gar nicht oder verspätet und im Sinne des Regimes gesäubert erschienen. Sie wußte von Filmen, die nicht aufgeführt wurden; aus ihrer Arbeit kannte sie in manchen Fällen Einzelheiten von ermüdenden, bedrückenden Wortklaubereien mit dem Apparat; sie war selber nicht ohne wunde Stellen im Gemüt; in der westdeutschen Kolonie der Hauptstadt der DDR galt sie als aufgeschlossen, einsichtig. Sie warf sich nichts vor.

Der Eindruck, den sie in ihrer Empfindlichkeit bot, war der eines Menschen, der Ängste davon abhalten will, in eine über Nacht entstandene Leere einzuströmen. Der Damm, den sie dagegen errichtete, war zum Teil gefertigt aus der Verachtung der einst herrschenden Partei. Das verwunderte die Freunde, weil die Frau vorher, im früheren Leben, als die Mauer noch stand, die Partei nicht so wichtig genommen hatte, wie es jetzt die Schwere und Endgültigkeit ihres Urteils besagten. Sie hatte der Partei sogar, vergleichsweise, aber ohne engagiertes Interesse, das höhere, gerechtere gesellschaftliche Prinzip zugebilligt. Selbst die Mauer (hier auch als Sammelbegriff für andere materielle und politische Verengungen des Lebens in der DDR zu verstehen) hatte sie nicht ausschließlich dem Schuldkonto der SED angelastet. In Diskussionen vergangener Jahre war sie westdeutschen Besuchern in der Mauerfrage mit dem Notwehrargument entgegengetreten: »Was hätten wir denn tun sollen?« Das Wort: wir bezog sich dabei nicht auf ihre laue Zugehörigkeit zur Partei, die Formalität war ihr belanglos. Wenn sie »wir« sagte, so meinte sie damit eine Bindung an schuldlos Benachteiligte, die unter den Bedingungen eines hier länger währenden, noch immer andauernden Nachkriegs sich einzurichten hatten gegenüber unverdient Bevorteilten.

Sie hatte Westdeutsche unter ihren Freunden, aber sie mochte die Bundesbürger nicht. Sie hatte niemals ernstlich erwogen, das Land zu verlassen. Darin war die Frau parteilich: »Wir mußten damals sehen, daß wir auf den Beinen blieben«.

Wir – das war für sie nicht die SED, sondern gründete, weit außerhalb der ihr anerzogenen Begriffe, auf einem Verständnis vom Lauf der Welt, wonach radikale Veränderungen (wie ein Leerlaufen der DDR im Jahre 1961 bis zum Einstürzen) das Los der Schwächeren stets noch verschlechtern. Statt dessen in Maßen, in Grenzen Mitwirken am Bestehenden. Weder Vertrauen in gesellschaftliche Revolutionen noch Zuversicht aus dem Gefühl nationaler Zusammengehörigkeit. Für beides waren der Frau die einschlägigen Bildungs-Phrasen und -Metaphern geläufig, aber ihre Aufrichtigkeit beim Debattieren im vertrauten Kreis bewies sie mit der erkennbaren – wenn sie gut gelaunt war spöttisch formulierten – Distanz zu den hehren

Werten in beiderlei Gestalt. Die Position, die sie seinerzeit einnahm – war sie ihr natürlich, oder war sie kalkuliert?

Nun also, in den Wochen vor und nach der Jahreswende 1989/90, bemühte sich die Frau (sie ist, was man im versiegenden Konversationston eine »gute Erscheinung« nennt), einen Damm zu ihrem Schutz zu errichten. Zum einen also stammte das Baumaterial aus der Verbannung der SED, fürderhin PDS, aus ihren Gedanken. Begründungen für ihr Urteil ersparte sie ihren Zuhörern: Sie hatte sich nicht weiter eingelassen mit den real existierenden Sozialisten – was sollte sie jetzt viel begründen? Sobald die Gespräche – in diesen Wochen gab es tagtägliche Gespräche über Gott und die Welt und den kleinen persönlichen Rest – diesen Punkt berührten, neigte die Frau dazu, zänkisch zu sein.

Verließ sie die Partei noch im November, oder war es Dezember darüber geworden?

Der eine Baustoff für den Damm: die heftige, aber vage bleibende Absage an die ehemaligen Genossen. Zum andern erbaute die Frau ihren Schutzwall aus einem Verhalten, das ihr früher nicht zu eigen war: Sie wurde unduldsam gegen Zweifler und Skeptiker. Da sie sich dank ihrer historischen Ausbildung einigermaßen auskannte im wechselnden politischen Jargon der Deutschen in den letzten hundert Jahren, glückte ihr gelegentlich eine selbstironische Formulierung: »Ich bin wie Goebbels gegen Miesmacher«. Aber ihre weinerliche Wut gegen Miesmacher wurde von einem solchen verbalen Rückgriff auf eine Zeit, die sie aufrichtig verabscheute, nicht gedämpft.

Stützende Querstreben zog sie in ihren Damm ein, festigendes Gittergeflecht legte sie darüber mit einer Eigenheit, die den Freunden ebenso fremd an ihr war wie die neue Intoleranz: Die Frau von Mitte Vierzig rieb sich nachträglich an Gegebenheiten wund, die sie damals – als die Deutsche Demokratische Republik sicher gegründet schien und ihre Existenzbedingungen das Leben ihrer Bürgerinnen und Bürger mehr als im pluralistischen System direkt mitbestimmten – als nicht wesentlich für ihr Glück und Unglück empfunden hatte. Gewiß war sie an den Engpässen im abgesperrten, ärmeren deutschen Staat im Laufe der Zeit immer öfter ermattet. Aber sie nannte sich selber seinerzeit zäh und ein Stehaufweibchen und war es auch gewesen. Nach Überwindung eines Mangels, nach dem Überdauern einer gelinde kritischen Phase am Arbeitsplatz erheiterte sie sich und ihre einschlägig kenntnisreichen Freunde mit der Schilderung ihrer Praktiken, das Fehlende beschafft, die Anpassung vollbracht zu haben. Letzteres, das Nehmen einer Kurve nach vorangegangener Abweichung, um wieder auf der vorgegebenen Geraden zu sein, konnte ein Unbetroffener, ein Privilegierter, ein westdeutscher Gast, der der Frau vorurteilsfrei zuhörte, als eine Meisterschaft im unmerklichen Einlenken erkennen.

Zum guten Ende hatte es weder einen Gesichtsverlust für sie gegeben, allenfalls einen, von dem alle Beteiligten sagen konnten, er sei pädagogisch heilsam gewesen; noch war dem zuständigen Kollegen und Genossen die Last aufgebürdet worden, eine höhere Instanz hinzuzuziehen. Bei einigem Geschick, und wenn es »menschlich stimmte« im Arbeitsbereich, war es ein Ritual gewesen, dessen Ablauf die Freiheit der Gedanken, wiederum bei allen Beteiligten, nicht beeinträchtigte. Natürlich nur, falls man sich bei etwas Gewohntem (wie dem Ritual) noch Gedanken machte und die vorherige Abirrung, die Initialzündung für die Aussprache samt dazugehörender einhelliger Schlußfolgerung, sich in Grenzen hielt. Aber das hatte man schließlich doch in der Hand. Man konnte früh genug innehalten. Mit der Einschränkung freilich, daß man Wirbelstürme nicht in der Hand hat. Sollte die Unstimmigkeit einmal zu wuchern beginnen und Weiterungen nach sich ziehen, so müßte das unter die Naturgewalten gezählt werden, wie Sturm und Hagelschlag, gegen deren Toben menschliche Vernunft wenig vermag.

Aber ein solches Ungewitter war der im Grunde stets heiteren Frau erspart geblieben; bei allen Widrigkeiten des Aufwachsens unter Walter Ulbricht und ihrer kulturellen Mitwirkung (auf sehr niedriger Ebene, nicht im ZK-Apparat, nicht im Ministerium) unter Kurt Hager.

Vormals, als die DDR gemäß ihrem unbewußten, aber lebensnahen Staatsmotto »Plaste und Elaste« noch funktionierte, als sie, nach dem keinesfalls lieblosen Spott ihrer Bürger, die »größte DDR der Welt« war, hatte die Frau sich mokieren können über die Weltfremdheit mancher westdeutscher Gesprächspartner. Die meisten von ihnen waren im Vergleich zu ihr, die einige Male in Polen und der Sowjetunion gewesen war, weitgereiste Leute. Aber wie einfältig im Blick auf den kleineren deutschen Staat war ihre Idee von der Realität, wenn sie zum ersten Mal die DDR besuchten oder auch schon öfter gekommen waren, aber stets die bundesrepublikanische Sonntagselle im Gepäck hatten, um sie an alles anzulegen, was ihnen ins Auge fiel. Von einem, der auszog, das Gruseln zu lernen.

Manche bekundeten anteilnehmend ihr banges Erschauern vor dem Ritual der Fehlerdiskussion, dessen weithin sinnentleerte und – bei klugem Maßhalten der Grundorganisation der Partei – ziemlich folgenlose Formelhaftigkeit sie nicht wahrnahmen. Andere glitten über Andeutungen von solchen Debatten hinweg, wie es taktvolle Menschen zu tun pflegen, die von einer Krankheit hören, die sie aus eigener Kraft in ihrem höher entwickelten Gemeinwesen besiegt haben.

Die westdeutschen Grusellehrlinge, die ihre Gänsehaut vorwiesen oder sichtlich verbargen, kannten verbürgt oder vom Hörensagen (niemals so gut wie die Frau selber) Fälle, in denen es nicht harmlos abgegangen war. Tatsächlich nahmen sie die Ausnahmen für die Regel, worin schließlich auch der Reiz des Erkundungsritts nach drüben lag.

Die Frau stritt mit solchen Gesprächspartnern nicht. Wer sie länger kannte, der wußte, daß sie von dem vorübergegangenen, schwachen (eher seltenen) Ungemach am Arbeitsplatz nicht berichtet hatte, um sich das Ansehen einer Verfolgten zu verschaffen. Sie hatte davon gesprochen wie von einem unfreundlichen Nieselwetter, das es jüngst gegeben hatte. Sie fühlte sich vom Wetter nicht verfolgt. Sie wußte wohl, daß manche in der DDR ihre Lebensumstände bei Westbesuchern so beleuchteten, wie es den mitgebrachten finsteren Erwartungen der Gäste entsprach. Derlei förderte das Gesprächsklima und erhöhte die Gastgeber.

Die Frau hingegen schöpfte ihr Selbstwertgefühl aus der Fähigkeit, sich den Realitäten anzupassen, sich nicht von ihnen abzuheben, »mit den Problemen Schritt zu halten.« Eine Gabe, kein Makel. Die Ahnungslosigkeit von Erstbesuchern oder besonders Gesinnungsfesten aus der Bundesrepublik verlockte sie nicht, weder sie auszunutzen noch sie aufzuhellen.

Wenn des Gruselns kein Ende war, dann warf sie gelegentlich die Frage ein: »Ach, und Sie müssen sich gar nicht anpassen am Arbeitsplatz?« War man wieder unter sich, so konnte die Frau, falls sie ausnahmsweise zu Bekenntnissen bereit war, anmerken: »Die Lästigsten und die Gefährlichsten sind in allen Systemen die Überzeugten.«

Sie legte keinen Wert auf Originalität. Sie las viel, beruflich wie privat, aber sie ließ sich auf bekennende Texte nicht ein. Sie sympathisierte mit manchen, nicht mit allen Zielen der Dissidenten im Land, blieb jedoch mißtrauisch auch gegenüber diesen Aktivisten und den Folgen ihres Tuns. Sie respektierte auf eine sentimentale Weise die Lebensleistung, den Widerstandsmut alter Kommunisten in der Vergangenheit. Das war Geschichte und konnte nichts nach sich ziehen. Sie war warmherzig, freundschaftsfähig und hilfsbereit. Sie hätte Goerdeler nicht angezeigt. Sie war keine Täterin. Man darf unterstellen, daß sie ihre Rolle in der gesellschaftlichen Dreieinigkeit von Opfern, Tätern und Mitläufern zu bestimmen wußte.

Was bedeutete es, daß sie das Wort dafür nicht benutzte? Sie hielt, was sie tat, für angemessen. Vermutlich war ihrem Verhalten in der Zeit, als die Mauer mitregierte, mehr Bewußtsein beigegeben als demselben Verhalten der meisten Gleichgearteten im Land. Daß sie sich eingliederte, war der Frau so bewußt wie natürlich. Ihrer Natur ohne innere Auflehnung zu folgen, befähigte sie zur kalkulierten Anpassung.

Aber da sie zur Selbsttäuschung nicht neigte und von kritischem Verstand ist, hätte sie wohl ihre Natur benennen können. Warum tat sie es nicht? Weil das Natürliche sich unter Einsichtigen von selbst verstand? Oder war es zur Schonung der vielen anderen, die sich – wie sie – zweckmäßig eingerichtet hatten, jeder nach den jeweiligen Anforderungen seines Platzes, in der SED nach anderen Regeln als in der CDU, in der Produktion nicht so wie in den

Redaktionen, aber im Kern doch überall gleich – war es zur Schonung dieser vielen anderen, die sich bloßgestellt gefühlt hätten, wenn die Frau ihrer aller Lebensweise auf den Begriff gebracht hätte? Eine solche Rücksichtnahme war ihr zuzutrauen: mit einer Prise auch von Selbstverschonung.

Die Mauer fällt. Wird die Anpassung ihren Halt verlieren? Was tun? Einen Damm ziehen ums Gemüt. Etwas ausprobieren.

Eine Reise von einer knappen Woche nach Paris, mit dem Trabant zur schlechten Jahreszeit, bleibt auch im Rückblick nach der Heimkehr eher eine Strapaze als eine Bestätigung neuer Möglichkeiten. Die Frau hat Paris schmutzig und keineswegs außergewöhnlich gefunden: »Innen auch viel Prenzlauer Berg und außen Marzahn«.

Was sie befriedigte, war das Pläneschmieden ihres ältesten Sohnes, mit dem sie in der Mauernacht auf dem Kurfürstendamm geweint hatte. Er wollte im kommenden Sommer mit zwei Schulfreunden nach Holland trampen. Wieso nach Holland? Sie wußte es nicht, und auch der Junge konnte es nur umständlich erläutern. Genau besehen gab es keinen Grund – außer dem einen, daß eine solche Fahrt jetzt konkret geplant werden konnte. Warum nicht Holland?

Die Freunde der Frau verstanden, daß zu ihrem Dammbau die Unduldsamkeit gegen Zweifler und Skeptiker gehörte. War es nicht, weil sie nicht gestört werden wollte beim Pfeifen im dunklen Wald? Sie mußten die Frau entweder meiden (aber alle im kleinen Land waren aus der Mauerzeit so sehr aneinander gewöhnt) oder hinnehmen, daß sie rechthaberisch aufbegehrte, in eine sachliche Erörterung von Für und Wider sich nicht einließ, oft Zuflucht in Tränen der Wut nahm, wenn einer im Kreis bange Fragen an die Zukunft knüpfte. Auch ablenkende Scherze verfingen nicht; selbst Boshaftigkeiten brachten die Frau nicht zur Besinnung.

Einer sagte eines Abends zu ihr: »Wir erleben an dir die schnelle Verwandlung einer gestählten Sozialistin in eine Dame aus besseren Kreisen vergangener Zeiten, die vor der Unschicklichkeit, in ihrer Gegenwart von unschönen Dingen zu sprechen, in Tränen ausbricht. Es müssen nur noch zartere Tränen werden.«

Früher hätte die Frau in einer solchen albernen Attacke den freundschaftlichen Wink erkannt, sich nicht weiter zu ereifern. Jetzt setzte sie ihren Pauken- und Trompetenmarsch unbeirrt fort. Bangemachen gilt nicht. Untüchtig ist, wer. Die Wende verdient man nicht, wenn.

Tatsächlich waren ihre eigenen Aussichten,

nüchtern betrachtet, eher schlecht. War es nur das Pfeifen im dunklen Wald, was sie anstimmte? Der Gedanke mochte einem kommen, daß ihre ungebrochene Natur sich vorbereitete, die Variante zu entwickeln, die in dem System, dem das Land anheimfiel, die Sprache, das Auftreten, die Sichtweise des Mitläufertums kennzeichnet. In der perfekten Form – im Vertrauen auf das Walten des Marktes – unabhängig vom Individualbesitz eines Arbeitsplatzes und anderer Segnungen. Der Markt gibt jedem eine Chance, früher oder später.

Auffällig wird, Todsünde des Mitläufers, wer dem herrschenden Glauben den Lippendienst verweigert – und die nachbetenden Lippen ermatten als letztes, wie Gespräche zum Beispiel mit Menschen, die seit langem arbeitslos sind, belegen.

Falls die Frau sich einübte, so übertrieb sie als Anfängerin den noch unvertrauten Tonfall. Die abendlichen Gespräche endeten nun oft in Verlegenheit.

Nicht alles an den neuen Eigenheiten und Verhaltensweisen der Frau ließ sich so schlicht, vielleicht zu schlicht, deuten wie ihr scharfes Frontmachen gegen Bedenkliche. Wie war es mit ihrer Absage an die Sozialistische Einheitspartei Deutschlands (SED)?

Die Mitgliedschaft hatte sie so zurückhaltend praktiziert wie möglich; Genossin zu sein, war für die Frau im Grunde ein Mittel, sich bedeckt zu halten, auf etwaige Fragen die einfachste Antwort zu haben: Ich bin dabei.

Das Totalitäre ihrer jetzigen Abkehr war im Vergleich geradezu eine emotionale Entblößung. Ihrer Art nach – aber was blieb von ihrer Art in diesen Wochen? – war nicht anzunehmen, daß sie sich rückblickend in eine Verführte verwandeln wollte. Dafür war sie sich ihrer Mitwirkung am herrschenden Regime, gerade wegen des kalkulierten Minimums, stets zu bewußt gewesen. Auch hatte sie ihre gesellschaftliche Rolle für gerechtfertigt angesehen: Der verträgliche Mensch rückt weder auf zum engagierten Parteisekretär, noch ist er ein Widerstandsheld; bei allem Respekt vor den illegalen Kommunisten und den Männern des 20. Juli. Der gebrechliche Mensch, so war ihre feste Überzeugung, hat einen Anspruch auf Unauffälligkeit.

In den sehr selten gewordenen Gesprächspassagen, in denen die Frau ihr Talent zum Hohn und Spott (früher so glänzend vorgewiesen beim Schildern von Kundgebungen zum 1. Mai) noch obsiegen ließ über ihr neues Eiferertum, formulierte sie in diesem Zusammenhang: »Um es auf moderne Weise volkstümlich zu sagen: Anpassung gehört zu den Menschenrechten. Und von diesem einen haben hierzulande so gut wie alle Gebrauch gemacht. Das entrückte Politbüro am wenigsten.«

Eine bemerkenswerte Frau – vor allem wegen ihres Bewußtseins von ihrem Part in der Gesellschaft und des damit verbundenen Selbstbewußtseins, das sie aus ihrer Rechtfertigung ableitete. Das Bewußtsein hatte die Frau von den gewöhnlichen Mitläufern, die ihrer Natur folgten, ohne sie zu ergründen, stets unterschieden. Sie hätte eine Prophetin der Mitläuferei sein können, wenn sie das Wort in den Mund genommen und das offenbarte Mitläufertum nicht durch eine solche Selbstentlarvung seine Schutzfunktion eingebüßt hätte. Warum also die totalitäre Abkehr von der Partei, von der sie sich ideologisch nicht hatte verführen lassen? Die Tatsache, daß die entmachtete SED/PDS nicht länger als Auge des Taifuns benutzt werden konnte, wo man bei einigem Geschick die Windstille fand, hätte angemessen auch mit einem schlichten Abschied quittiert werden können.

Warum das Wüten über alle Maßen gegen den einstigen Hort? Es erschloß sich nicht eindeutig. Ungereimt, aber noch am ehesten erklärte es sich daraus, daß die in diesen Wochen nervöse Frau ihre damalige Entscheidung nicht auch noch als eigenen Fehler ertragen wollte. Warum hatte ihr, die sie beruflich nicht besonders ehrgeizig war – die zwei Kinder aus der geschiedenen Ehe waren ihr weit wichtiger –, eine Mitgliedschaft im Kulturbund zur Anpassung nicht genügt? Nicht das Programm der Partei, sondern die Umstände, die von der Partei geschaffen worden waren, hatten sie seinerzeit zu einem Übersoll in der Wahl des Parteibuchs verführt. Fürs Gemüt, das der Logik nicht bedarf, war so ein ablenkender Schuldspruch gefunden worden. Er wurde um so entschiedener vorgetragen, als der Verstand der Frau ihr schmerzlich sagte, daß die neuen Verhältnisse ihren Weg zu den veränderten Anpassungen schwieriger machen würden als für die große, große Mehrheit im Lande, die in anderen Parteien und Organisationen oder auch ohne Anlehnung an solche dasselbe getan hatte wie sie: verhalten mitgemacht.

Die meisten Kandidatenlisten für die erste Volkskammerwahl auf westliche Weise, die in diesen Wochen aufgestellt wurden, waren zwangsläufig randvoll mit den Namen solcher vernünftig Angepaßten. Aber Mitläufer in der SED, von denen jeder parteilose oder in einer der sogenannten Blockparteien abgesicherte Realist hämisch gewußt hatte, daß es sie gab und man mit ihnen, vorsichtig, nicht amtlich, entsprechend verkehren konnte – diese Mitläufer, und nur diese, waren zu Komplizen geworden. Denn die neue Zeit und die in ihr keimenden großen Geschehnisse, das gute Geld und das einig' Vaterland, duldeten in ihrer öffentlichen Stimmung nichts Schäbiges.

Der Begriff: Mitläufer schien im gesellschaftlichen Sprachschatz nicht vorhanden zu sein. Zwar hatte ihn nicht nur die Frau stets vermieden. Aber war nicht jetzt, mit dem Verdämmern des Regimes, die Notwendigkeit oder wenigstens die Gelegenheit gekommen, alles, nicht nur Ausgewähltes, beim treffenden Wort zu nennen? Nichts davon, nicht jetzt.

Gewiß, wer wollte heute sagen, worüber der einzelne später, wenn er wieder zu Atem gekommen war, grübeln würde im Rückblick auf seine Rolle in der entschwundenen DDR? Was ließ sich vorhersehen über den Ausgang des kommenden Jahren vorbehaltenen Kampfes zwischen Verdrängung und Erinnerung im Gewissen ehemaliger DDR-Bürger? Da mochten in der Zukunft manche Gemütsverdüsterungen, manche Selbstzweifel ihre Wurzeln in einer Vergangenheit haben, die für Stumpfsinnige oder Nachgeborene längst ein abgeschlossenes Kapitel war.

In der Gegenwart dieser Wochen jedoch, November, Dezember 89, Januar, Februar, März 90, waren die künftigen Rechnungen noch nicht aufgemacht und die alten vorläufig glattgestellt. Kaum Andere als protestantische Kirchenleute merkten noch öffentlich an, daß es allenthalben menschlich zugegangen war. Aus der Bundesrepublik, wo Regierungspolitiker und Kommentatoren einen sprachlichen Einklang (und der konnte nur hochgestimmt sein) zwischen der sprichwörtlichen historischen Stunde und deren Wirklichkeiten herstellten – aus der Bundesrepublik vorgegeben war, aus nationalbürgerlicher Neigung wie aus intellektuellem Mangel, eine schöne Einfältigkeit der Begriffe, die von den meisten Menschen in der DDR, denen der konkrete, rasende Sekundenablauf der historischen Stunde in diesen Tagen, Wochen, Monaten weithin die Besinnung raubte, dankbar aufgenommen wurde.

So hatte es denn also, wie es der biegsame Teil des allgemeinen Bewußtseins nun wahrnahm, in den zurückliegenden vierzig Jahren nur Opfer und Täter im Land gegeben. Für die Frau bedeutete das: Sie hatte, niemals tatsächlich, aber gemäß den Kategorien, die nach dem Fall der Mauer immer schneller zu den einzig gültigen wurden, die Balance zwischen Opfern und Tätern, das kardinale Kunststück jeder gesellschaftlichen Anpassung, verfehlt. Sie war Komplizin von Verbrechern gewesen; anders als der Wohnungsnachbar, das Opfer, der als Mitglied der CDU seinem Dienstvorgesetzten aus der SED im kommunalen Gesundheitswesen so zuverlässig erschienen war, daß er zum Abteilungsleiter aufstieg. (In Wahrheit war er, bei sonst korrekter Beschreibung, kein Wohnungsnachbar; dort hatte ihn die erbitterte Frau nur wegen des theatralischen Effekts im Gespräch lokalisiert. Er war ihr gelegentlicher Begleiter – soll man Mitläufer sagen? – auf Spaziergängen und wohnte in Weißensee.)

Strebte die Frau den Status eines Opfers an, wenn sie nachträglich (die andere befremdliche Eigenheit, die den Freunden aufgefallen war) Einengungen und Bürden ihrer bisherigen Existenz beklagte, die zu meistern sie früher befriedigt und zu erwähnen nicht immer für wichtig genug befunden hatte? Wollte sie sich einen besseren Start sichern oder wenigstens doch mit einer neuen Selbsteinschätzung ihrer Vergangenheit innerlich einen Anspruch auf eine gleiche Startchance begründen, wie sie der Mann aus Weißensee besitzen würde? Das konnte nicht ausgeschlossen werden. Wann würde die Frau den Satz aussprechen, der jetzt oft zu hören war: »Ich bin um mein Leben betrogen worden«?

Der Kern des Satzes war immer derselbe. Varianten gab es in der Benennung der Betrüger: die SED, die Verbrecher, die Roten; seltener und nur bei älteren Leuten: der Spitzbart, der mit dem Betrug angefangen, und der Dachdekker, der ihn vollendet hatte. Ulbricht und Honecker.

Wie würde die Frau formulieren, falls sie in ihrem Grimm, vom Ziel einer andauernden Unauffälligkeit auf halber Strecke, in der Mitte des Lebens, abgedrängt zu werden, vor dem bilanzierenden Satz nicht mehr zurückschreckte? Würde die ehemalige Genossin der SED also sagen: »Ich habe mich um mein Leben betrogen«? Ums Leben betrogen. Die falsche Kurzschlüssigkeit des Satzes, in welcher Variante auch immer, ohne Zweifel erkennen zu können, auch das gehörte zu den unverdienten Bevorteilungen des westdeutschen Zuhörers.

In seiner Fähigkeit, die eigenen jahrelangen Beobachtungen von privatem Glück und Unglück, von insoweit ungeschmälertem Leben in der DDR jetzt nicht außer Kraft setzen zu lassen – in dieser Fähigkeit waltete das neuartige Vorrecht der Geburt, das von der nun zu Ende gehenden Teilung geschaffen worden war. Kein Vorrecht des Standes, sondern der Zufälligkeit des Geburtsortes. Braunschweig oder Magdeburg, Stuttgart statt Dresden: gewiß immer, auch wenn sich ein Westdeutscher intensiv und konkret auf den benachteiligten deutschen Staat einließ, ein wesentlicher Unterschied des Blickwinkels – aber nicht zwingend einer zwischen Blinden und Sehenden. Manchmal war die Distanz sogar hilfreich gewesen. Sie mochte zwar einen so gearteten Westdeutschen als Privileg beschämen, konnte aber auch die vorweggenommene Kühle des nicht parteilichen Historikers vermitteln. Eine solche kühle Gelassenheit freilich wäre in diesen Wochen, hätte der Beobachter sie artikuliert, die blanke Kaltschnäuzigkeit gewesen.

Er schwieg nun immer öfter; lauschte jedoch aufmerksam den schnell vordringenden Vereinfachungen, auch Vergröberungen der bisherigen Existenzbedingungen in der Rückschau. Bedürfen historische Stunden solcher vordergründigen, schlichten Ausstattung des Bewußtseins, damit sie nicht im Sande verlaufen?

Alt genug, um sich an das Ende des nationalistischen Deutschen Reichs im Jahre 1945 zu erinnern, das der westdeutsche Zuhörer als Halbwüchsiger in der britischen Besatzungszone erlebt hatte, nahm er jetzt, in den ersten Monaten des Jahres 1990, in denen er allwöchentlich drei, vier Tage in Ost-Berlin und der DDR verbrachte, einen bemerkenswerten Unterschied zwischen damals und heute wahr.

Seinerzeit (allerdings nur unter den Engländern) hatte die Mehrheit ihr Mitläufertum, wenigstens voreinander, keineswegs geleugnet, sondern vielfach erläutert und begründet: die Juden hatten sich zu breit gemacht; die Zinsknechtschaft; das Versailler Schanddiktat; endlich wieder eine starke Führung. Manche Begründungen führten durchaus, auch nachträglich noch in eine selbstbewußte Rechtfertigung hinein, die mehr als nur Anpassung ans Herrschende für sich reklamierte: das Mitmachen nicht aus Selbstschutz, sondern als sittliche Pflicht, »auch wenn man nicht mit allen Sachen einverstanden sein konnte.«

Gern hervorgehoben wurde der richtige Ansatzpunkt, der gute Kern der nun verbotenen Lehre. Der Beobachter erinnerte sich an solche Gespräche unter Bekannten seiner Eltern; Erörterungen, die den zumeist schweigsamen Vater, wie der Sohn spürte, genierten. Im Rückblick auf die zwölf Jahre des Nationalsozialismus hatten die damaligen Nischenbewohner, das konnte der Chronist für die, mit denen er zusammentraf, beschwören, niemals von einem Leben gesprochen, um das sie betrogen worden seien. Ein solcher Satz trat 1945 nicht weit hörbar zutage.

Allerdings hatte die Nation auch kein Wohlstandsgefälle aus anderen als sozialen Gründen gekannt; es hatte das selbstverständliche zwischen den Krupps und den Krauses gegeben, aber keines zwischen Krause in Bielefeld und seinem Namensvetter in Leipzig. Tiefer Kummer über im Krieg zu Tode gekommene oder vermißte Söhne und Gatten: private Tragödien, aber schmerzliche Geschichten, die gewohnheitsmäßig als der natürliche Humus der allgemeinen, großen Geschichte empfunden wurden. Nur in seltenen Ausnahmen hörte der Halbwüchsige eine Anklage bekümmerter Eltern oder Ehefrauen ohne Wenn und Aber gegen das besiegte Regime: Das haben die Nazis uns angetan.

Über vierzig Jahre später war die herrschende Erinnerung an den innerlich milden Abschied der damaligen Mehrheit vom Nationalsozialismus teils abgestorben, teils trat sie in Westdeutschland zweckmäßig verändert wieder zutage. Sie behauptete nun, daß die Deutschen in den Westzonen seinerzeit den Nationalsozialismus nicht allmählich vergessen, sondern radikal überwunden, also mit den Wurzeln ausgerissen hätten. Die Ereignisse von 1945, die bis dahin im verstellten Sprachgebrauch gewöhnlich als Zusammenbruch bezeichnet wurden, gerieten so zu einer Selbstbefreiung, an der sich die Landsleute in der DDR im Blick auf die roten Nazis ein Beispiel nehmen sollten.

Die Frau, deren Selbstbewußtsein aus ihrer Fähigkeit sich genährt hatte, gerade soviel zu tun, wie die Unauffälligkeit verlangte, büßte jetzt ihren festen Standpunkt im Abseits ein, auf den sie stolz gewesen war. Vielleicht zum ersten Mal, seit sie erwachsen war, teilte sie ohne Selbstkontrolle Stimmungen im Land. Sie wurde, wie viele andere, wehleidig. Verlorene Jahre; ums Leben betrogen; nichts gehabt. Selbst ein evangelischer Pfarrer, der in dieser Zeit im Sächsischen eine betont national gesinnte Partei wachrief, sollte derlei öffentlich geäußert haben: vierzig verlorene Jahre.

Wenn das am grünen Holz geschah, wie sollte da die Frau, die sich immer auf den dürren Stecken einer diesseitigen wie jenseitigen Ungläubigkeit gestützt hatte, die Kraft zu einer einsichtigen Bilanz aufbringen? In der Nacht, als die Mauer fiel, war am Grenzübergang Invalidenstraße ein junger Mann vor Kamera und Mikrophon des westdeutschen Fernsehens geraten, dessen Fassungslosigkeit als kennzeichnend für die Gefühle dieser Nacht gelten konnte. Sein Bild, sein Aufruf wurden in den folgenden Tagen mehrmals gesendet. So hatte auch die Frau in einer der Wiederholungen die

Szene gesehen: den jungen Mann, im Gedränge der Menschenmenge nach Luft japsend, die Augen aufgerissen vor einem Blitzlicht, seine Worte, schon halb an der Kamera vorbeigeschoben, ausstoßend als gepreßten Triumphschrei: »Wahnsinn ist das, Wahnsinn.«

Die Frau benutzte diesen Ausruf in den nächsten Monaten wie ein geflügeltes Wort. Wenn sie vom abendlichen Debattieren ermüdet war in ihrem wütenden Kampf gegen Zukunftsskeptiker, in ihrer manchmal wehleidigen, aber immer noch zögernden Anschlußsuche nach der Art Mitläufer, die jetzt als ehemaliges Opfer galt, dann beendete sie oft ihren Teil des Gesprächs mit dem Zitat: »Wahnsinn ist das, Wahnsinn.«

Sie sagte es leise, aber fest. Ein Stoßseufzer, der nicht im unmittelbaren Zusammenhang mit dem vorher Erörterten ausgelöst wurde, sondern der, über die Themen des Abends hinaus, einen allgemeinen Bezug und jedermann als Adressaten hatte: Die Stimme der Erschöpften durch die Zeiten hin; der Unterwerfungsspruch aller, denen jemals die Welt aus den Fugen gegangen war; das Sich-Ergeben in das Unfaßliche.

Dabei geschah es zuweilen, daß auch die anderen im Kreis das Gespräch ruhen ließen. Die

Stille trat ein, von der es heißt, ein Engel, der durch das Zimmer gehe, bringe sie mit sich. Für eine kurze Spanne Zeit, einige Sekunden nur, drückte im Stillschweigen sich aus, was der Wortschwall dieser Tage nicht zu sagen wußte. Wenn das Gespräch danach wieder aufleben sollte, so schienen alle bemüht zu sein, es nun über Beiläufiges, Nebensächliches nicht hinauskommen zu lassen. Was tust du morgen? Wann hast du den oder die zuletzt gesehen?

Der Zuhörer meinte zu erkennen, daß es weniger die Inhalte der Veränderungen waren, vor denen die Versammelten zurückschreckten. (Erst später im Jahr änderte sich das, als die Inhalte konkreter wurden: Umtauschkurs des Geldes, Arbeitsplatz.) Zufrieden mit den öffentlichen Zuständen, den allgemeinen Verhältnissen war niemand mehr gewesen. Ohne die befremdliche Verbissenheit der Frau zu teilen, waren einige im Kreis guten Muts bereit, sich auf die neuen Gegebenheiten einzustellen. Alle nahmen das, was auf sie zukam, als unausweichlich hin.

Das bekräftigende Schweigen, das von dem Satz der Frau über den Wahnsinn ausgegangen war, bezog sich vielmehr auf das Tempo der Abläufe und vor allem auf die Radikalität des Unterschieds zwischen alter und neuer Wahrheit. Nichts Gewohntes schien gültig zu bleiben.

Die Freunde waren vom schnell schwindenden Regime her damit vertraut, zwischen Anspruch und Wirklichkeit zu unterscheiden. Im Blick auf das Neue, das wortwörtlich über Nacht begann und dann über alle Ufer trat, jeden Boden unterspülte, fehlte ihnen jetzt dieser archimedische Punkt.

Ihre vorgefaßte Meinung vom Westen war grundiert in den düsteren Farben der alten Lehre und aufgehellt von ihren eigenen Zweifeln daran. Was war zutreffend behauptet worden und was zu Recht bezweifelt?

Die geistige Existenz der Freunde hatte auf einem andauernden Kompromiß beruht. Aber nun war der Kompromiß aus der Welt gekommen. So mußte es ihnen jedenfalls erscheinen, da sie bar waren jeder eigenen Erfahrung mit westlichen Abstufungen zwischen Ideal und Realität.

Einer sagte: »Wie lange haben die Menschen gebraucht, sich bewußt zu machen, daß die Erde um die Sonne kreist und nicht umgekehrt? Das mußten damals alle neu lernen, sofern sie überhaupt in den ersten Jahrhunderten nach der neuen Einsicht von ihr hörten. Wir hier müssen ruckzuck das kopernikanische Weltbild uns aneignen – als Nachhilfeschüler hinter denen her, die es schon immer richtig gewußt haben.«

Die Frau, die im Austausch der Gedanken und Gefühle in diesen Wochen schwankte zwischen ihren neuen Eigenheiten: der Intoleranz gegen Skeptiker; der schmerzlichen Rückschau auf vorher längst schon vergessenes, gelindes Ungemach; der Wut über den Mann aus Weißensee, ihren Begleiter auf Spaziergängen, der in der CDU, seiner alten wie neuen Partei, soviel besser aufgehoben war als sie, die Bloßgestellte, die Gescheiterte es nun war, die sich im Zentrum der angepaßten Unauffälligkeit gewähnt hatte – die Frau wirkte, wenn sie mit dem Wahnsinns-Seufzer ihre Kommunikation abschloß, am ehesten noch wie die Person, die sie früher gewesen war, obwohl sie doch ihre Kapitulation vor dem Unfaßlichen ausdrückte. Sie war eine Zerrissene in den Debatten, aber mit ihrem Schlußsatz, an alle gerichtet, jedoch leise wie nur zu sich selber gesprochen, fand sie zu dem Ursprung ihrer Lebensrolle zurück, zu dem, was ihr die Anpassung so notwendig gemacht hatte: zur Blöße eines ausgelieferten Objekts.

Der Freundeskreis veränderte sich, er wechselte seinen Charakter. Sein Sitz, in drei, vier Wohnungen, war Ost-Berlin. Sein Kern bestand aus einem knappen Dutzend Männern und Frauen, alle über vierzig, drei über fünfzig Jahre alt. Spötter unter ihnen sagten: »Ulbrichts Enkel.« Das war nicht ganz korrekt, weil einige Großkinder Adenauers hätten genannt werden müssen.

Zwei, manchmal drei oder vier der Freunde, die sich, ohne feste Regel, gewöhnlich einmal in zwei Wochen trafen, stammten aus Westdeutschland und gehörten seit längerem zur bundesrepublikanischen Kolonie in der damaligen Hauptstadt der DDR. Es ließ sich nicht genau bestimmen, wie viele Westler zu dem Kreis zählten. Sie waren in der Minderheit, wurden jedoch oft verstärkt von dem westdeutschen Beobachter und auch anderen Gästen aus der Bundesrepublik oder West-Berlin.

Der Freundeskreis hatte eine ebenso lockere wie feste Bindung: Die Freunde kamen in wechselnder Besetzung zusammen, in kleinerer, in größerer Runde, empfanden sich aber schon seit Jahren gegenüber anderen als deutlich umgrenzt. Die Männer und Frauen aus der DDR arbeiteten im Kulturbetrieb: Maler, Grafiker, Beschäftigte in Buchverlagen, am Theater, bei Universitätsinstituten. Gut die Hälfte war bei der SED eingeschrieben, aber es gab auch Mitglieder aus Blockparteien und Parteilose. Derlei war früher kein Thema unter ihnen gewesen. Der westdeutsche Beobachter hatte die Freunde mit seinen Fragen danach eher irritiert, aber sie antworteten darauf, weil sie seine Neugier in solchen Sachen kannten.

Nach der Wende meinte einer, es habe den Kreis wohl gar nicht gegeben, seine langjährige Existenz müsse auf einem Erinnerungsirrtum beruhen – denn die Berichte über das vergangene Leben in der DDR, wie sie in manchen der jetzt leicht zugänglichen bundesrepublikanischen Zeitungen zu lesen waren, schlossen eine solche Gesprächsrunde aus. Ungeregelte, aber häufige Westkontakte? Unmöglich. Es sei denn, so fügte ein anderer hinzu, wir hätten alle im Auftrag der Stasi gehandelt. Er wandte sich an den Westdeutschen: »Würden wir dann wieder ins Bild passen?«

Richtig ist, daß einige aus dem Kreis, die gelegentlich ein Dienstvisum zur Teilnahme an westlichen Kongressen erhielten, vor einer solchen Reise die Zusammenkünfte einige Zeit mieden. Solche Zurückhaltung erleichterte wohl die Beantwortung von Fragen an der Arbeitsstelle. Aber der Kreis hatte bestanden. Wie lange würde es dauern, bis seine Angehörigen unter dem Eindruck der neuen Auswahlbilder über die entschwundene DDR vergessen haben würden, daß es ihn gegeben hat? Er hatte sich allmählich gebildet und war selbstverständlicher geworden im Laufe der letzten Jahre.

Es war üblich gewesen, daß Gelegenheitsgäste hinzukamen. Der eine oder die andere brachte den oder die mit; einige Westdeutsche, aber viele auch aus der Provinz der DDR. Das erweiterte das Berufsspektrum der Gesprächspartner, Ingenieure, Dozenten von Kunsthochschulen waren dann und wann dabei, und es dehnte den Ost-Berliner Horizont bis ins Sächsische aus.

Wer aus Leipzig kam, suchte den Anschluß auch, weil er so ein Quartier fand. An den auswärtigen Gästen wurde die Veränderung des Freundeskreises zuerst spürbar. Früher war ein Besuch aus der Provinz gewöhnlich Wochen, mindestens mehrere Tage vorher angekündigt worden. Ein beruflicher Anlaß, kombiniert mit einer Aufbesserung der provinziellen Versorgung aus den Beständen der Hauptstadt, setzte den Termin; spontane Reisen, Besuche als Überfall fanden nicht statt.

Das erweckte den Eindruck, viel Zeit zu besitzen, da die Spanne zwischen Ankündigung und Eintreffen im erwartungsvollen Bewußtsein des bevorstehenden Gesprächs bereits als Teil der Kommunikation empfunden wurde. Die Gäste blieben, wenn irgend möglich, länger als für eine Übernachtung. Es gab keine Durchreisenden. Wer in Ost-Berlin eintraf, war am Ziel angekommen. So wirkten alle Umstände zusammen, das Gefühl einer Konzentration auf die abendliche Zusammenkunft unter Vertrauten zu schaffen. Niemand war zufällig vorbeigekommen; allenfalls ein Westdeutscher, der plötzlich hatte reisen müssen, mochte die Unruhe des Überraschenden hereintragen. Vorübergehend: Die Gespräche hatten ihren Ton und ihre Gangart und bändigten den westlichen Gast, der nur nach einem hastigen Telefonat aus dem Hotel oder gar ohne Voranmeldung eingetreten war.

Die Ost-Berliner wie die aus der Provinz angereisten Freunde fühlten sich ihrer Zuneigung sicher durch die Selbstverständlichkeit, mit der sie Kontakt hielten. Eine Fahrt nach Berlin oder eine von dort ins Land führte mit Gewißheit zueinander. Es war eine kleine Welt, und ihre Gegebenheiten verhinderten die Zerstreuung. (Drei Freunde waren ausgereist in die Bundesrepublik.)

Nun, seit die Mauer gefallen war, hörte man im Kreis gelegentlich nur, daß ein Freund aus Leipzig in der Stadt gewesen war. Einer hatte ihn in einem Verlag oder Institut getroffen, und er war unterwegs gewesen zu einer Verabredung in West-Berlin. Fest vereinbarte Quartiertermine wurden kurzfristig abgesagt, weil man über Nacht drüben blieb.

Kam man jetzt zusammen, so sprachen manche von neuen Leuten, die man kennengelernt und mit denen man »ein fabelhaftes Gespräch« geführt habe. Die Freundschaft des Kreises war kein Trug gewesen, aber es zeigte sich, daß sie auf einem Mangel an anderen Möglichkeiten beruht hatte.

Was zuerst an den Auswärtigen erkennbar geworden war, erwies sich bald auch an den Ost-Berlinern. Die Zusammenkünfte im neuen Jahr, dem ersten nach der Mauer, waren, höchst natürlich, beherrscht von den politischen Ereignissen der Tage, zu denen die Frau ihren zänkischen Gesprächsbeitrag leistete.

Aber nicht nur sie, auch die anderen im Kreis bekundeten durch die Art ihres Argumentierens eine wesentliche Veränderung unter den einst so aneinander Gewöhnten. Man hatte in der Runde auch früher strittige politische Diskussionen gekannt (bei weitgehender Zurückhaltung der Frau). Sie waren jedoch eingebunden geblieben in die gemeinsame Gewißheit über einige unverrückbare Faktoren des Lebens, die nur außer Kraft gesetzt werden konnten, wenn man das Land verließ. Das hatte den Streit vor dem Abgleiten ins grenzenlos Spekulative bewahrt. Auch diese – vermutlich bereits unbewußt praktizierte – Selbstbeschränkung entsprang einem Mangel, den der Beobachter aus Westdeutschland deutlicher wahrgenommen hatte als seine Gastgeber. Ihm schien, daß manche Ausreiseanträge, für die es die verschiedensten Gründe gab, ihren letzten Grund dann fanden, wenn die fast schon reflexhafte Selbstbescheidung des Argumentierens ins Bewußtsein aufstieg.

Als unbewußte Norm aber hatte sie den Freunden zu – oft durchaus hitzigen – Debatten verholfen (über Gorbatschow zum Beispiel), bei denen die einigenden Selbstverständlichkeiten (die Mauer würde notfalls noch hundert Jahre stehen) stets schwerer wogen als die trennenden Meinungen. Sie mochten im Kreis ihre verschiedenen Wahrheiten besessen haben, aber nur eine zwingende Realität. Träume wurden nicht ausgetauscht.

Nun jedoch entwickelten sich binnen weniger Wochen Standpunkte, von denen aus die unterschiedlichen Mutmaßungen über die Zukunft zu unterschiedlichen Realitätserwartungen führten, die im Gespräch manchmal schon feindselig aufeinander stießen, als seien sie schon unterschiedliche Lebenswirklichkeiten. Die Freunde, noch waren sie Freunde, probten die künftige Teilung.

Die Frau focht auf seiten der Erwartungsfrohen, auch dann, als deren Zahl zwischen Dezember und März kleiner wurde. Sie, die sie immer so sorgfältig ihr unmerkliches Eintauchen in die Mehrheit, keine Wirbel machen, vollzogen hatte, vertrat jetzt mit ihrem Optimismus dann und wann eine Minderheitsposition in der Runde. Stellte sie sich darauf ein, daß der Kreis demnächst nicht mehr existieren würde?

Eines Abends Anfang März, die Diskussion war kontrovers gewesen, versuchte einer, die Verkrampfung zu lockern: »Wenn früher unsere Staatsmänner, ich meine die des Ostens, bei einer Begegnung nicht voll übereinstimmten, dann hieß es im Kommuniqué: Die Standpunkte seien im freundschaftlichen Geiste freimütig erörtert worden. Sie hatten so schön altmodische Phrasen und Wendungen. Das läßt sich hoffentlich auch von uns noch sagen: freimütig in freundschaftlichem Geiste. Oder dürfen wir sogar, Steigerung von der staatlichen Ebene auf die der Parteien, von brüderlichem Geiste sprechen, ohne die Schwestern ausschließen zu wollen?«

Was als scherzhafter Appell gedacht war, den Streit nicht weiterzutreiben, wurde zum Ausgang einer Betrachtung des Charakters der Freundesgruppe einst und jetzt. Sie beteiligten sich fast alle, wie sie da saßen beim Wein, Margon-Wasser und Tee, unter den grafischen Blättern von Freunden, beschienen von einer Stehlampe mit einem rissig gewordenen Pergamentschirm.

Diesmal hatten sie sich in einer Altbauwohnung versammelt, in der, wie in allen diesen notdürftig ausgebesserten Gehäusen, die Abmessungen der Räume das jüngere Mobiliar, schiefes Bild, aber treffend, in die Knie zwangen. Aber auch hier stand, wie fast überall, ein älteres, unerschrockenes Möbelstück aus der Zeit, als das Haus erbaut wurde, oder davor. In dieser Wohnung war es eine Kommode. Es hätten auch ein Schrank, ein Tisch, ein Büfett mit Glasaufsatz, in dem in den dreißiger Jahren ein sogenanntes Sammelservice aus Mokkatassen zur Schau gestellt worden war, eine Kredenz sein können: Überlebende, deren westliche Verwandte von Wegwerf-Wellen verschlungen worden waren.

Während die Freunde die Veränderungen des Kreises seit der Wende begutachteten, die Spiegelung der allgemeinen Auflösung des Gewohnten in ihrer kleinen Runde, hatte sich der westdeutsche Zuhörer ablenken lassen vom Gespräch durch Zustand, Ausstattung und Geruch der Wohnung.

Es war ein Abirren ins Wehmütige. Der vorübergehend Unaufmerksame gönnte allen ein besseres Leben; scheute die Verluste nicht, die damit einhergehen würden; wußte, daß seit dem Sturz der Mauer ohnehin alle Fragen nach dem bekömmlichsten Tempo der Angleichung müßig geworden waren – und doch, und doch. Würde man eine Wohnung wie diese, Berlin N im 41. und letzten Jahr der Deutschen Demokratischen Republik, konservieren können mit ihrer DDR-spezifischen Unverwechselbarkeit? Es würde nicht gelingen. Mindestens der Geruch aus Heizung, Reinigungsmittel, Gemüsevorrat im Spankorb neben dem Herd, Kräutertöpfchen auf der Fensterbank in der Küche, der Geruch aus Alter, Abnutzung und Behelfsmäßigkeit würde fehlen.

Im ehemaligen Zeughaus Unter den Linden, vom nun auch ehemaligen Regime als Museum deutscher Geschichte aus seiner Sicht benutzt (eine im größeren Deutschland aus Parteilichkeit, die dort in der Geschichtsaufbereitung angeblich nicht vorkam, so gut wie unterdrückte Betrachtungsweise) – im Zeughaus hatte es eine aus alten Stücken zusammengestellte Wohnküche einer Arbeiterfamilie zur ersten Blütezeit des Kapitalismus gegeben. Ein gutes Exponat in vielen Einzelheiten, aber auch ihm war der Originalgeruch verlorengegangen.

In den Anfangswochen nach der Mauernacht, als sie das so und jetzt Unverhoffte manchmal noch satirisch kommentierten, damit sie bei Sinnen blieben, war unter den Freunden die spaßige Überlegung hin und her gewendet worden, aus der DDR einen Naturschutzpark zu machen. Auf diese Weise, so meinten sie, könnte einem künftigen Museum mehr Originalität für alle Organe der Besucher gesichert werden. Die Satire wurde bei mehreren Zusammenkünften bis ins Neue Jahr hinein, eine Pausenclownerie zwischen ernsthaften Themen, immer wieder mit Liebe zum Detail ausgeschmückt.

In großen Reservaten, Mecklenburg etwa, sollte die Bevölkerung ihrem vertrauten DDR-Leben nachgehen, natürlich jetzt unter rechtsstaatlichem Schutz und mit Reisefreiheit im tariflich vereinbarten Urlaub. Der Lohn, abzüglich des Deputats für Wohnung und Verpflegung, würde den Einheimischen in gutem Geld ausgezahlt werden. Im Alltag untereinander jedoch und auch im Umgang mit den westlichen Parkbesuchern sollte die alte Währung benutzt werden, wobei den Westlern – auch dies Teil der angestrebten Originalität – ein schwarzer Umtausch ermöglicht werden sollte. (Einer hatte gemeint, man sollte, auch in den westdeutschen Werbeprospekten, von Eingeborenen statt von Einheimischen sprechen, aber das wurde von der Mehrheit als »zu dick aufgetragen« abgelehnt. Das Unternehmensziel – die betreibende Firma wurde in bundesrepublikanischem Besitz gedacht – sei ja gerade, »alles wie früher« erscheinen zu lassen: auch für die Bundesbürger, und für die sei zwar die DDR weithin ein weißer Fleck gewesen, aber doch nicht in Afrika.)

Die Besucher müßten ihre Fahrzeuge auf großen Plätzen am Rande Mecklenburgs abstellen und auf Transportmittel aus heimischer Produktion umsteigen. Trabants und Wartburgs könnten von Selbstfahrern gemietet werden. Alles würde bleiben, wie es war: vor allem die mecklenburgischen Alleen.

Um die Häuser und Ställe, die Kirchen und Traktorenstationen im Zustand der Wendezeit, also Herbst '89, erhalten zu können, würde auf einer nahegelegenen westdeutschen Hochschule die mit der Romantik untergegangene Kunst der Ruinenbaumeisterei gelehrt werden.

Für das Reservat Leipzig sahen die Freunde ein Programm mit zwei abendlichen Demonstrationen vor. Am ersten Abend würde für die zahlenden Gäste eine Massenkundgebung im Stil und mit den Parolen des ersten Wendeabschnitts (»Wir sind das Volk«), am zweiten eine aus der zweiten Etappe (»Wir sind ein Volk«) aufgeführt werden. Wer mehr wissen wollte, konnte danach eine musikalisch berühmte Kirche aufsuchen, in der ein bestimmter, nur dafür angestellter Pfarrer jene Predigten vortrug, die er früher nur in seinem Herzen bewegt hatte.

Hier schoß Hohn in die Satire ein. Das Vorhaben war gut durchdacht: Mecklenburg, auch Thüringen würden die Zeit vor der Wende, Leipzig die Phase des Umschwungs der Wende präsentieren. Es fehle, so merkte einer an, ein Reservat für die Zeit, die kommt.

Viel Vergnügen bereitete es den Freunden, sich Fernsehabende im Naturschutzpark DDR auszumalen: die Aktuelle Kamera vorher und seither, gleich hintereinander gesendet. Der Freundeskreis kam auf die monströse Albernheit, Notwehr kennt viele Formen, später nicht mehr zurück.

Der Beobachter, der Zuhörer hatte sich ablenken lassen vom Gespräch der Freunde an diesem Abend Anfang März. Sie waren ins Nachdenken geraten über die Veränderung ihrer Runde; einige meinten, die Lockerung der Bindungen verteidigen zu müssen; andere begnügten sich damit, die neuen Gepflogenheiten zu erklären.

Der Westdeutsche, nun wieder aufmerksam, hatte sich gefangennehmen lassen von der Abschiedsstimmung, die für ihn in der Wohnung nistete. Er mußte wohl auch in seiner Selbstversunkenheit ins Abgelebte Teile der Unterhaltung aufgenommen haben: Aus der Erörterung des Wandels war man ins Sentimentale geraten, ähnlich ihm in seiner Nostalgie. Es war gewiß nicht die Erinnerungsseligkeit eines Klassentreffens, die den Kreis ergriffen hatte. Aber aus Vorwürfen, man lebe sich auseinander, geriet man ins Erzählen von alten Zusammenkünften. Der Jargon von Eingeweihten machte sich breit.

Auch an diesem Abend war ein Gelegenheitsgast zugegen, ein West-Berliner, den die Frau mitgebracht hatte. War er der Nachfolger des Mannes aus Weißensee, mit dem sie nicht mehr umging? (Natürlich nicht aus politischen Gründen, beteuerte sie. Aber niemand unter den Freunden mochte ausschließen, daß die Wut der Frau über die Ungleichheit von Mitläufern daran mitgewirkt hatte.) Der Neuling hörte einige Zeit zu, aber dann mischte er sich ein. Er las den Freunden die Leviten: Sie verklärten, wo es nichts zu verklären gäbe. Wenn sie sich noch tiefer verlören in ihrer Nischenbehaglichkeit, dann könnten sie, und wollten sie wohl auch, die Mauer gleich wieder aufbauen. Es ging noch ein paar Sätze weiter im Text, dann brach der Gast mit einer Entschuldigung ab: das erste Mal dabei und schon vorlaut. Aber schließlich (und nun wurde, wie so oft, aus der Entschuldigung der Ansatz zu einem zweiten Beitrag) – schließlich kenne er die DDR, sei oft genug im Land gewesen, die Versorgung, der Druck, das graue Einerlei. Also nochmals: nichts zu verklären. »Wollen Sie denn wirklich, daß es so weitergegangen wäre, wie es ging?«

Die Frage warf den Abend über den Haufen. Die Freunde mochten sich in unpassenden Sentimentalitäten ergangen haben. Aber die Frage des Gastes war nicht von dieser Welt. Selbst als Polemik lag sie so weit außerhalb aller Empfindungen und Vorstellungen, aller Hoffnungen und Ängste der Versammelten, daß die Runde zunächst einmal sprachlos war. (Eine andere Stille als die, die ein Engel mit sich bringt.)

Es war die Frau, die das Antworten übernahm. Ausgerechnet sie: war denn der West-Berliner nicht ihr neuer Gefährte? Hatte sie denn nicht in den vergangenen Wochen mit ihrem Wüten gegen Skeptiker und ihrer nachträglichen Wehleidigkeit im Grunde dieselben Forderungen erhoben und Absagen erteilt wie der heutige Gelegenheitsgast? Sie begann mit einem ornithologischen Vergleich, der zwar falsch war, aber ihre – der Zuhörer empfand: unangemessene – Verstimmung deutlich machte: »Ich habe ein Kuckucksei mitgebracht, also muß ich es wohl auch wieder aus dem Nest werfen.«

Als einer der Freunde ihr später sagte, der Kuckuck, kaum ausgeschlüpft, werfe die anderen, sozusagen die rechtmäßigen Eier hinaus, meinte sie: »Dann paßt der Vergleich doch noch besser. Dann mußte ich handeln, bevor er ausschlüpfte.«

Der West-Berliner war zu dieser Stunde schon gegangen. Nachdem die Frau geendet hatte, waren die Freunde bemüht gewesen, die allgemeine Befangenheit zu lösen, aber der Gast verabschiedete sich bald. Mit höflichem Dank, und man werde sich gewiß wiedersehen; eine Äußerung, die Spannung ignorieren wollte und sie doch nur betonte. Nein danke, die Frau, die mit ihm gekommen war, werde einen anderen Transport zur Frankfurter Allee finden. Nicht nötig, zu warten. Man werde sich gewiß wiedersehen.

Der westdeutsche Zuhörer war an diesem Abend zum ersten Mal ernstlich beunruhigt über die Frau. Nichts was sie dem West-Berliner erwidert hatte, irritierte ihn. Das war nicht weiter der Rede wert gewesen. Aber die Sprunghaftigkeit, mit der sie von einem Mal auf das andere, jedenfalls heute abend, ihren Standpunkt wechselte; dagegen gesetzt der starre Tonfall und die fugenlose Angespanntheit ihrer Erwiderung: kaum eine Modulation in der Stimme, kein Suchen nach Worten, sondern vorgetragen wie von einem Blatt. Der Zuhörer hätte sich für das Agieren der Frau gern den Begriff von glosender Kälte gemerkt, wenn der nicht widersinnig gewesen wäre. Oder gab es das? Ihn stimmte auch bedenklich, daß die Frau, die stets Sicherheit gesucht und in der Unauffälligkeit gefunden hatte, die Teilsicherheit, die ein neuer Freund hätte bieten können, preisgab für eine auffällige Wortführerschaft im Kreis. Wo war ihre Selbstkontrolle geblieben, die er gelegentlich an ihr verabscheut hatte und die er nun zurückwünschte für sie?

Nach der ornithologischen Einleitung, die wie in einem Gerichtsverfahren den Urteilsspruch vor die Urteilsbegründung setzte, hatte die Frau dem Westler gesagt: »Die Frage ist dumm, selbst als rhetorische Frage. Ganz unabhängig davon, daß hier keine ehemaligen Überzeugten, sondern Halb-Überzeugte oder Enttäuschte sitzen: die Frage unterstellt, wir hätten eine Wahl. Dabei habt nicht einmal ihr da drüben eine Wahl. Ihr glaubt es nur, weil ihr die Musik bezahlt. Irgend jemand, vielleicht Hegels Weltgeist, hat etwas losgetreten; Helmut Kohl war es bestimmt nicht. Ihr schreibt und redet, nun seien wir endlich selbstverantwortliche Menschen. Wir werden sehen. Für mein bisheriges Durchkommen war ich sehr selbstverantwortlich. Vorläufig jedenfalls fühle ich mich mehr geschoben und gesteuert als je zuvor. So anonym und unbegreiflich wie dieser geschichtliche Ablauf konnte der ganze alte Apparat nicht sein. Und was heißt Verklärung? Diesen Kreis wird es bald nicht mehr geben. Wir haben uns noch einmal, hoffentlich nicht schon zum letzten Mal, an unser Leben erinnert. An die Behauptungen unseres Regimes über unser Leben haben wir schon lange nicht mehr geglaubt. Glaubt ihr an eure Behauptungen? Auch an die über euer Leben oder nur an die über unser Leben? Wenn ihr wenigstens begreifen könntet, daß ihr uns immer nur von eurem Standpunkt aus betrachtet. Vielleicht geht das gar nicht anders. Aber man muß wissen: so entstehen Schablonen. Ich glaube, ihr habt auch Angst bei dem, was jetzt abläuft. Es macht euch sicherer, wenn ihr unser Leben mit Schablonen in vorher und seither unterteilt – aber es wird am Ende ein einziges Leben gewesen sein. Wenn wir das, was sich jetzt entwikkelt, ohne euch haben könnten, wir würden es vorziehen.«

Die Frau erhob sich und ging in die Küche, wohin ihr die Gastgeberin des Abends folgte. Man hörte die beiden reden, erst die eine noch halblaut und heftig (die Frau, die die Philippika gehalten hatte), dann beide gedämpft im schnellen Hin und Her, wie Frauen sich oft verständigen, wenn sie aus einer Gesellschaft nach nebenan gegangen sind, damit die eine durch murmelnde Bestätigung die andere beruhige und tröste.

Der Chronist (Beobachter, Zuhörer) fuhr die Frau in ihre Wohnung nahe der Frankfurter Allee zurück. An einigen beleuchteten Straßenecken waren Parteienplakate an den Hauswänden zu erkennen. In gut zwei Wochen war die Volkskammerwahl.

Die Frau hatte ihren Kopf an die Nackenstütze des Sitzes gelehnt und hielt die Augen geschlossen. Sie denke, sagte sie, die Menschen hier befänden sich alle in einem Beschleunigungsapparat, wie er in der Atomforschung benutzt werde. Heiße der nicht Teilchenbeschleuniger? Das Wort wiederholte sie, wobei sie es in seine Silben zerlegte und diese gleichmäßig betonte. Man habe sie alle in einen solchen Beschleuniger gesetzt. Die Geschichte als Teilchenbeschleuniger. Erst wenn die Teilchen bei der rasenden Geschwindigkeit besinnungslos geworden seien, sei das, was ihnen zugefügt werde, erträglich. Oder einmal anders gefragt: Ob er (der Fahrer neben ihr) sich wirklich noch an vergangenen Oktober, November, Dezember erinnere oder ob auch er den Eindruck habe, die damaligen Ereignisse – »das war doch praktisch erst gestern« – seien von einer riesigen Zentrifuge in eine Ferne geschleudert worden, die der sich erinnernde Verstand nicht mehr erreichen könne? Da kreisten Teile ihres Lebens, Vertrautheiten, aber auch die Veränderungen seit letzten Herbst in großer Höhe um sie herum, so vervollständigte die Frau das Bild, Teile, die auf sie einwirkten, sie beeinflußten und veränderten, aber nicht zu fassen seien. »Nicht zu fassen. Zu viel, zu schnell, zu lautlos.«

Was sie mit »lautlos« meine, fragte der Chronist. Sie antwortete: »Die Demonstranten, die Politiker, das Fernsehen, die machen ihre Geräusche. Aber tatsächlich bricht nichts mit einem Krachen zusammen, sondern das Gewohnte, in dem man sich eingerichtet hatte, gleitet einem lautlos aus den Händen. Irgendwann ist unsere Fähigkeit, meine jedenfalls, vor der Überforderung geflohen, die ungeheuren Vorgänge jedes Tages im November, im Dezember, im Januar festzuhalten und im Bewußtsein zu vertiefen.« Seither empfinde sie, daß die Entwicklung lautlos dahingleite, als sei zwischen Fassungsvermögen und Wirklichkeit eine Glaswand gezogen. Sicher könne man sich nur noch in der Oberfläche aufhalten. »Es funktioniert ganz gut. Ich habe mich der Zuversicht in die Arme geworfen. Aber wenn jemand, wie der Mann heute abend, unser ganzes Leben und alle Ereignisse seit dem Herbst durch seine Schablone preßt, dann wird mir auch noch die Oberfläche fremd.«

Als sie vor dem Wohnhaus in einer Seitenstraße der Frankfurter Allee angekommen waren, hatte es zu regnen begonnen. Der Ruß aus den Kaminen der Braunkohleheizungen hatte sich mit dem Regen verbunden und verschmierte die Frontscheibe des Wagens. Der Chronist begleitete die Frau zum Toreingang, küßte ihre Wangen, sah sie im hohen Treppenhaus die hölzernen Stufen bis zum ersten Absatz hinaufgehen, hörte sie leise schimpfen, als die Beleuchtung erlosch, bevor sie das dritte Stockwerk erreicht hatte, hörte das Schließen ihrer Wohnungstür.

Er fuhr in das Devisenhotel, in dem er übernachtete.

Noch ein anderes Neues gesellte sich zu dem Freundeskreis und beschleunigte dessen Auflösung. In großer Runde wurde niemals von diesem Sprengsatz gesprochen. Es lag in der Natur der Sache, daß nicht einmal unterstellt werden konnte, alle aus dem Kern der Gruppe, dem knappen Dutzend Männer und Frauen, seien durch verschwiegene Gespräche zu zweit, zu dritt informiert über das andere Neue. Der und die hatten darüber sich ausgetauscht, denn ein dritter, der den westdeutschen Beobachter einweihte, hatte von ihnen den Hinweis erhalten. So mochten noch einige andere miteinander über die Sache geredet haben. Aber wer?

Im Kreis, in dem davon geschwiegen wurde, war man auf unbehagliche Vermutungen angewiesen. Der unterrichtete Beobachter fühlte sich erinnert an die Bemerkungen der Frau , als er sie nach dem sentimentalen und strittigen Abend zurück zu ihrer Wohnung gefahren hatte. Er empfand, eine lautlose Explosion finde statt im Freundeskreis.

Sicher war nur, daß zwei Männern im Kreis unbekannt blieb, was die anderen Freunde, soweit sie eingeweiht waren, von ihnen argwöhnten: die zwei sollten Zuträger des Staatssicherheitsdienstes gewesen sein. Falls sie es gewesen waren, so konnten sie nicht wissen, daß einige in Gruppe Wind davon bekommen hatten. Von woher er geweht hatte? Der Beobachter erfuhr es nicht. Wenn die zwei Männer keine Helfershelfer des Stasi gewesen waren, dann vermochten sie nicht, sich reinzuwaschen von dem falschen Verdacht, weil er ihnen nicht zu Ohren kam. Und wenn doch einer aus dem Kreis die beiden ins Gesicht hinein bezichtigt hätte – wie hätten sie ihre Unschuld beweisen sollen?

Der Beobachter erinnerte sich, daß vor Jahren einem Schriftsteller des Landes, nicht aus der ersten, aber doch aus der zweiten Reihe, der Ruf anhaftete, ein Vertrauensmann der Sowjets zu sein. Was immer es bedeuten mochte, Vertrauensmann zu sein: vielleicht dann und wann ein Gespräch mit einem Botschaftsrat über die Stimmung unter den Kollegen – der Schriftsteller, dem hinterrücks ein solcher vertraulicher Umgang nachgesagt wurde, ohne daß man Art und Inhalt des Umgangs spezifizierte, dauerte den Beobachter. Er hoffte von Herzen, daß der verdächtigte Mann wenigstens die Unschuld des Ahnungslosen besitzen möge. Er begegnete ihm damals nie, ohne sich zu fragen, ob der Mann – unterstellt, er sei unschuldig, aber nicht ahnungslos – immer vor einem Ausbruch stehe, vor einer heftigen Beteuerung: »Hören Sie, ich weiß, was über mich geredet wird. Sie werden doch nicht. Ich versichere Ihnen. Wie kann man nur. Das ist doch.«

Am meisten ängstigte sich der westdeutsche Beobachter vor der etwaigen Frage des Mannes: »Was soll ich tun?« Welche Antwort hätte er darauf geben sollen? Am unbehaglichsten fühlte er sich bei der Überlegung, daß der ins Zwielicht Geratene, gerade wenn die Nachrede zutreffen sollte, eben dasselbe sagen müßte wie der fälschlich Bezichtigte. Es kam zu dem gestammelten Ausbruch, zu der versuchten Befreiung von der geraunten Beschuldigung nicht. Versagte sich der Schriftsteller die Verteidigung aus Einsicht in die Vergeblichkeit solcher Bemühung, aus Ahnungslosigkeit oder aus Spekulation auf das Austrocknen eines Gerüchts durch vorgetäuschtes Nichtbeachten? Die Einsicht mußte qualvoll sein, die Ahnungslosigkeit ein wahres Glück und die Spekulation das kaltblütige Raffinement eines erprobten Vertrauensmannes.

Tatsächlich wurde nach einiger Zeit über anderes und andere geredet. Aber dem Beobachter war das seinerzeitige Geflecht aus verstohlenen Anwürfen und Zweifeln über die Gründe für das Stillschweigen, das Stillhalten des Verdächtigen in den Jahren seither nicht mehr aus dem Sinn gekommen.

Nun war der Freundeskreis verstrickt in ausweglosen Verdacht. Eine Verstörtheit, die mit den anderen Veränderungen, die ihn auseinandertrieben, sein nahes Ende gewiß auch jenen spürbar machte, die nicht unterrichtet waren über die angebliche Spitzeltätigkeit der zwei aus der Runde. Aber vielleicht waren sie alle unterrichtet, wußten es aber nicht voneinander, da jeder von ihnen eine den Kreis trennende Wahl, mit wem er sich noch austauschte, schon getroffen hatte?

Die Frau, so gab sie dem Westdeutschen zu verstehen, war eingeweiht. Ohnehin beunruhigt von ihrer nervösen Empfindlichkeit, von der selbstzerstörerischen Komponente ihres Behauptungswillens, war der Beobachter und Zuhörer besorgt, wie der Zerfall des vertrauten Kreises auf die Freundin wirken würde. Zu viel, zu schnell, zu lautlos. Aber wie anders als so sollte sich denn vollziehen, was den Menschen in der DDR in diesen Monaten bereitet wurde – außer es geschähe mit unverhüllter Gewalt? Man mußte dankbar sein. Der Beobachter vergaß es nicht. Er fühlte sich jedoch der Frau verbunden in deren hilflosem Zorn, den sie an jenem Abend ausgegossen hatte, über den West-Berliner: über die unstatthafte Arglosigkeit vor den Schmerzen, Nöten und Ängsten auch einer glatten Geburt. Und würde es bis zum guten Ende eine glatte Geburt sein?

Der März dieses Jahres hatte einige Tage, an denen der Himmel über Berlin von jener Höhe und Bläue war, die die Augen wissen lassen, daß sie den Blick über eine nordöstliche Stadt erheben. Hoch der Himmel, so daß die Wolken, wie aufgetürmt sie auch waren, nicht an ihn stießen, sondern als ein Muster unter ihm dahinzogen. Das Weiß der Wolken war an diesen Tagen dunkel, wodurch ihre Schwere sich noch deutlicher von der Luftigkeit der Himmelstransparenz unterschied. Das Blau hell, viel heller als die Farbe von preußischblauen Monturen; in den Morgen- und Abendstunden bis weit vom Horizont hinauf mit einem apfelgrünen Schimmer, geahnt mehr als gesehen, überzogen. Die Farbe von Augustäpfeln am Märzhimmel.

Der Chronist aus Westdeutschland lud die Frau ein, mit ihm über Land zu fahren. Sie nahmen den Weg über Niederschönhausen, Schildow und Mühlenbeck nach Norden zu einem See, von dem Buchenwälder hügelan steigen. Diese Landschaft, so hatte der Mann immer empfunden, verlangte nach dem Sommer, um ihre Herbheit mit Roggen und Gerste zu mildern, eine zaghafte Eitelkeit an Klatschmohn und Kornblume zu wenden und zu prunken mit dem Schattenspiel ihrer Alleebäume. Der Märztag verhieß nichts davon, aber er war trocken und windstill. Ein paar Kilometer führte ein sogenannter Sommerweg am Rande der gewölbten Straße entlang, ein ungepflasterter Sandstreifen für Pferdefuhrwerke, auf dem die Hufe geschont wurden und einen festeren Halt fanden als auf den Kopfsteinen.

Wer von ihnen sagte, die Frau, der Mann: »Das wird demnächst asphaltiert werden«? Ein solches Bedauern sei rührselig, war die Antwort. Aber versöhnlich wurde hinzugefügt: »Bürgerinitiativen allerdings zum Erhalt der brandenburgischen und mecklenburgischen Alleebäume, die sind jedes Engagement wert.«

Heute jedoch war der Beobachter nicht friedfertig gestimmt. Zwar hatte er die Landpartie vorgeschlagen, um die Frau auf andere Gedanken zu bringen, und sie schien entspannt neben ihm zu sitzen. Ihn aber ergriff nun eine Melancholie, nach deren Ursache er suchte, während er das Automobil über die holprige Straße steuerte, an kleinen Gehölzen, Feldscheunen und frisch bestellten Äckern vorbei. Er fand die Ursache seines Trübsinns, verargte sie sich und erwiderte also übellaunig auf die Bemerkung über eine wünschenswerte Bürgerinitiative zum Schutz der Bäume: »Darum kann sich ja dann das Bündnis 90 kümmern. Ein »Neues Forum« und »Demokratie jetzt« für die Alleebäume. Das ist doch ein guter Slogan. Viel mehr wird diesen Leuten bestimmt nicht übrigbleiben.«

Der Wahlkampf um die Sitze in der Volkskammer stand kurz vor seinem Abschluß. Es war zu erkennen, daß die kleinen Gruppen aus der demokratischen Materialschlacht geschwächt hervorgehen würden. Die Wende des Oktober hatte über den November und bis zum März hin einen anderen Charakter angenommen. Die Vorhut der Umsturzbewegung, die aus den Seitenschiffen der Kirchen auf die Straßen getreten war, als in solchem Unterfangen noch ein Risiko lag, war an den Rand gedrängt worden durch eine vorweggenommene Normalisierung: Inmitten der Auflösung des bisher Gewohnten, lange bevor die neue Ordnung zur gewohnten Norm werden würde, drängte die Mehrheit der Männer und Frauen aus der vergehenden DDR wieder in die Sammelbecken großer Mengen.

Die Zeiten des Vor-Umbruchs, die Tage des Umbruchs selber, in denen eine Minderheit den aufbegehrenden Ton angegeben hatte, indes die Mehrheit noch schweigend abwartete, waren im März längst verklungen. Erfahrene bundesrepublikanische Parteimanager hatten die Dämme mitgeformt, die der aufgebrandeten Unmittelbarkeit, der ordnungswidrigen Spontaneität endgültig Einhalt gebieten würden. (Merkwürdig begründete die Frau ihre Stimmabgabe für das Bündnis 90, zu der sie sich entschlossen hatte: »Die und ich, wir sind die zwei Seiten derselben Medaille. Die gehören demnächst ebenso zur Vergangenheit wie ich.« »Aber deine Zuversicht, die du uns in den vergangenen Monaten gepredigt hast – wo ist sie?« hatte darauf einer der Freunde boshaft gefragt. Sie hatte in ihrer Antwort eine schnippische

Frau gespielt: »Ich leiste mir den Luxus, meine Stimme zu verschenken. Wir Zuversichtlichen gewinnen auch ohne sie die Mehrheit.« Aber der Zuhörer war nicht sicher gewesen, ob die Frau sich noch zu dieser Mehrheit rechnete oder ob ihr Vorrat an Trotz aufgezehrt war, mit dem sie sich von der einen, am Ende verfehlten Anpassung zur anderen durchschlagen wollte.)

Es waren freilich nicht das erwartete Wahlergebnis und die geringe Lebenserwartung der kleinen eigenständigen Gruppen, in denen die Ursache für die Melancholie lag, die den Mann verstimmte, als er an diesem Märztag durchs Brandenburgische nördlich Berlins fuhr. Wie sollte ein Wahlausgang melancholisch stimmen? Der Chronist hatte in den letzten Wochen oft genug mit Eigenständigen gesprochen, die in ihrer Enttäuschung die Welt nicht mehr begriffen. Dieses Kapitel vom Ende und Anfang des Landes – die Gruppen hatten das Ende eingeleitet, bevor die Mehrheit sich der Sache annahm, der neue Anfang sah sie als Verlierer – war für ihn abgeschlossen und also auch kein Anlaß, jetzt hier, zwischen Schönwalde und Schönow, trübsinnig zu werden.

Die Frau hatte seine bittere Bemerkung über das, was den ursprünglichen Neuerern bleiben würde: das Engagement für Bäume, unerwidert gelassen. Ein paar Kilometer fuhren sie schweigend dahin. Er kannte die Strecke seit Jahren, und es war fast eine Gewohnheit, als er am Ende eines Dorfes den Wagen anhielt. Er war dort oft schon stehengeblieben für ein, zwei Minuten und hatte »durchwirken« lassen, wie er es nannte, was er vor sich sah.

Die Straße verließ die Ortschaft in einer langgezogenen Kurve, links waren die Häuser schon zurückgeblieben, und ein sandiger Weg zog einen Hügel hinauf, auf dem Kiefern wuchsen. Rechts vor den Betrachtern lag das letzte Gebäude, eine Scheune, deren Ziegelsteine zwischen dem ausgeblichenen Fachwerk bröckelten: Ihr einstens helles Rot war zu einer namenlosen Farbe aus Braun, aus Grün, aus schimmeligem Blau verwittert, nur noch in Spuren rötlich; das Ergebnis vieler trockener Sommer und nasser Herbste.

Neben der Scheune, die ihre Funktion abgegeben hatte an die Zementbauten der Genossenschaft auf der anderen Seite des Dorfes, stand, was ihn vor Jahren zum ersten Mal veranlaßt hatte, das Automobil – unwillkürlich – an den Straßenrand zu lenken, den Motor zu stoppen und sich mehr Zeit zu nehmen als das Vorbeifahren vergönnt hätte: ein sehr alter Birnbaum.

Damals war es Frühjahr gewesen, und der

Baum hatte geblüht. Bei anderer Gelegenheit, zur Erntezeit, war er aus dem Wagen gestiegen und hatte in dem Wohnhaus, zu dem Scheune und Baum gehörten, gefragt, ob er Birnen von dem weit ausladenden, im Stamm gedrehten »alten Kerl« (so hatte der Mann den Baum, zu ihm hinüberweisend, genannt) kaufen könnte.

Das junge Mädchen, das ihm im Hauseingang entgegengekommen war, hatte gelacht: Der alte Kerl blühe zwar noch, aber seine Früchte seien holzig und lohnten das Abnehmen nicht mehr. Seither hatte er zu jeder Jahreszeit an dieser Stelle haltgemacht, Scheune und Birnbaum rechts voraus, den Kiefernhügel links neben sich.

Er hatte sich mit niemandem darüber ausgetauscht, warum dieser Übergang von Dorf zu Feldern und Viehkoppeln ihn zu einem kurzen Verweilen einlud. Seinerzeit war das Blühen des Baumes ein begreiflicher Anlaß gewesen, das Triumphgeschrei der Blüten die Scheunenwand hinauf und zu den Kiefern auf der anderen Straßenseite hinüber. Er stoppte nicht jedesmal, wenn er das Dorf passierte, aber er tat es auch bei Regen oder im Schneematsch und ließ für eine Weile Baum, Scheune und Hügel das Gemüt »durchwirken«.

Warum hier? Der Chronist meinte, dieser Dorfausgang, dessen einzige Veränderung seit so vielen Jahren das Altern der Scheune, des Birnbaums und der Kiefern war, könnte die Summe der Möglichkeiten brandenburgischer Landschaft und Ortschaft genannt werden. Damit jedoch befriedigte er eher sein Bedürfnis, Empfindungen wie Dinge gegebenenfalls auch mangelhaft begrifflich zu machen, als daß ihm die angestrengte Erklärung ganz zutreffend und umfassend erschien. Nicht besser, aber auch brauchbar, dünkte ihn eine andere, ebenso wenig ausgesprochene Benennung: Zu sehen sei die perfekte Beiläufigkeit dieser Gegend.

An diesem Märztag war der Baum schwarz von der Feuchtigkeit des Winters und Vorfrühlings. Als sie am Straßenrand angehalten hatten, legte die Frau eine Hand auf die des Mannes am Lenkrad, eine freundschaftliche Handreichung sozusagen, wie auch ihre Frage hilfreich sein sollte: »Was macht dich verdrießlich?«

Er steuerte nun den Wagen auf die Straße zurück, sie fuhren weiter, aber dann entschloß er sich doch, von seiner Melancholie, deren Ursache, wie er sie verstand, und seinem Mißmut über diese Ursache zu sprechen. Was der Chronist nun erläuterte, mit längeren Pausen dazwischen, auch sprunghaft zu anderen Themen abschweifend, gelegentlich seine Suada als

»Herzensergießungen« oder ähnliches selbstironisch glossierend – es war ihm nicht erst in den Kopf gekommen, seitdem die Mauer gefallen war, Freundeskreise ihren Charakter wandelten und die geborene Mitläuferin, die neben ihm im Wagen saß, sich an ihrer Selbstbehauptung versuchte.

Zum Kopf, zum Verstand also, aus dem heraus er sich zu erklären bemühte, merkte er an, als er seine Melancholie in Worte faßte: Die Art von seinesgleichen , sich zu verdeutlichen, lasse Gefühle weithin unartikuliert. Das sei ein Handikap, wenn man Gehör finden wolle. Aber wer könne gegen seine Natur handeln und sich ausdrücken?

Als er dies sagte, warf ihm die Frau einen forschenden Blick zu, ob er wohl damit auch auf ihre natürliche Anpassung in der zu Ende gehenden Zeit anspielen wollte. Aber der Mann war jetzt ganz in seine eigene Sache eingesponnen. Nach seinem Hinweis auf die starke Beschränkung von seinesgleichen auf den Verstand (»soweit vorhanden, aber manche auch mit einer eher kümmerlichen Ausstattung«) und die angeborene oder anerzogene, jedenfalls bestimmende Scheu vor Gefühlsäußerungen, trug er nun eine Bitte vor: Seine Zuhörerin, die sie diesmal war, indes sonst er in diesen Wochen sein Ohr lieh, möge seinen Ausführungen, wenn sie den emotionalen Ton vermissen ließen, zubilligen, was Jean Paul über etwas sehr anderes, über die Dichtkunst nämlich, gesagt habe – jeder Gedanke sei Nachbar eines Gefühls, und jede Gehirnkammer stoße an eine Herzkammer.

Melancholisch gestimmt war der Beobachter in den vergangenen Jahren oft gewesen, wenn er den Teil Deutschlands zwischen Mecklenburg und Sachsen erkundete. Ursachen für diese Stimmung des Reisenden gab es manche. Einige fielen ins Auge: Ortschaften etwa, deren allmählicher Verfall und nur sehr selten, vorübergehend, behobener Mangel an frischer Farbe ihn weniger berührten als ihr seit den dreißiger Jahren im Grunde unveränderter Charakter. Der Chronist konnte erkennen, daß das mehr oder weniger Unveränderte der Straßenzüge, Häuserfronten, Ortsausgänge zum Teil noch weiter zurückreichte, aber seine eigene Erinnerung als Kind fußte auf den dreißiger Jahren, und also datierte er sein Empfinden als Reisender in diese Zeit zurück.

Die Ausfallstraßen der Städte waren noch keine Ansammlung von Karawansereien für den Automobilbedarf wie in der Bundesrepublik, deren Bürger er war. Keine großrahmigen Schaufenster von Geschäftslokalen waren in schmale, niedrige Altstadthäuser gebrochen.

Kaum Neonreklamen und niemals so viele, daß sie die Dämmerung, die geheimnisvolle Vorabendstunde seiner Kindheit, aus den Kleinstädten vertreiben konnten. Anhaltinische Dörfer, auf Magdeburg zu, die ihm beim Durchfahren einen Erinnerungsschlag gegen das Herz zufügten, wie er verschwiegen spürte, obwohl er als Kind niemals mit seinen Eltern durch diese Gegend gefahren war.

Es war kein Wiederaufleben ehemaliger Reiseeindrücke, das ihn berührte, sondern die im Gemüt hausende Realität von Gebäuden, Straßen, Gärten, Pflaster, Chausseebäumen, Licht und Witterung. (Gemüt: ein Wort, das auszusprechen er stets scheute.) Was dem Beobachter da und dort und oft begegnete, war jener Teil von Heimat, der sich aus Vergangenem bildet. Deshalb wehrte er sich dagegen, seine Empfindungen als bloße Nostalgie anzusehen, denn was sich ihm mitteilte, war ein wirkender Faktor seines Bewußtseins, der wesentlicher wurde, je näher der Mann auf die Sechzig zuging. Er besuchte kein Freilichtmuseum, wenn er das Land zwischen Elbe und Oder durchstreifte, sondern bewegte sich immer aufmerksamer in jener Art Erinnerung an Stimmungen, in die sich Heimat mit dem wachsenden Lebensalter des Menschen mehr und mehr zurückzieht. Vielleicht lag darin der Grund, daß er nicht, wie so viele andere westdeutsche Besucher, schaudernd Vergleiche zog, zwischen dem äußeren Bild der Bundesrepublik und dem der – nach westlichen Maßstäben – zurückgebliebenen DDR.

Der Augenschein bescherte ihm mehr und anderes als einen vordergründigen Systemvergleich. Ihn irritierte solche Reduzierung von Reiseerlebnissen. Was büßten diese Reisenden ein, damit sie als Ertrag ihrer Fahrt nach drüben eine solche Selbstbestätigung mit nach Hause nehmen konnten? Oder was hatten sie vorher schon an Offenheit verloren, noch bevor sie die Grenze zur DDR überschritten?

Den Chronisten beschäftigte nicht so sehr der Inhalt der Beweisführung solcher westdeutscher Reisender, denen der Augenschein als Einsicht galt. Seine eigenen Systemvergleiche lagen auf anderen Feldern. Was ihn interessierte, war der psychologische Mechanismus, mit dem diese Besucher offenkundig ihre Schlußfolgerungen aus dem Zustand von Städten und Dörfern hier zu trennen vermochten von ihrer Kenntnis über den Verfall, die Verelendung ganzer Landstriche beispielsweise in den USA – einer Kenntnis, die viele von ihnen, weitgereist wie sie waren, durchaus besaßen.

Wie funktionierte solche Selbstbeschränkung?

Gespräche mit manchen Westdeutschen erinnerten den Chronisten an Unterhaltungen, die er mit Engstirnigen aus der herrschenden SED führte; so verschieden die jeweiligen Beweismittel und das Vokabular, mit dem die Welt und ihre Erscheinungen erklärt wurden, auch waren.

Die Frau unterbrach ihn jetzt: Er möge von der Agitation ablassen – spöttisch gebrauchte sie den Begriff aus ihrer bisherigen Lebenswelt – und zur Erläuterung seiner Melancholie und ihrer Wurzeln zurückkehren. Die eine Ursache, die er eben umschrieben habe, das Anheimelnde von Ortsensembles aus der Zeit vor fünfzig Jahren – wieder ein spöttischer Hieb –, diese Ursache könne es doch nicht sein, die ihn beim heutigen Ausflug über Land mißgestimmt habe. Was übrigens Artverwandtes von bestimmten Typen aus ihrer ehemaligen Partei und gewissen Bundesbürgern betreffe, da sei sie, durch häufigen Umgang mit den einen und nicht so seltenen mit den anderen, schon katholisch und müsse nicht bekehrt und belehrt werden, um den alten Witz zu zitieren. Gehässig fügte sie hinzu: »Aber eure haben gesiegt.«

Die Frau war erkennbar ungeduldig geworden beim Zuhören. Was hatte sie nervös gemacht: das, was er über die Eindrücke sagte, die ihm schäbige Ortschaften vermittelten; sein Abschweifen ins Politische; oder ganz allgemein die Konzentration des Mannes auf seine eigene Befindlichkeit? Befragt, räumte sie Nervosität ein – und sagte dann noch mehr, ohne dazu eingeladen zu sein: Wo sich so vieles ändere, ändere sich wohl auch der Stellenwert, den die paar Handvoll Westdeutscher eingenommen hätten, die sich zunächst beruflich, aber dann auch aus Neigung, aus Aufgeschlossenheit, auf die Menschen in der DDR und deren Lebensumstände eingelassen hätten. Eine Hinwendung zu den Gegebenheiten, eine Abkehr vom Vergleich: konkrete Menschlichkeit. Das sei wohltuend gewesen – aber vielleicht auch eigensüchtig? Die kleine Schar, die sich auskannte und der man in der DDR mehr zuhörte als zu Hause?

Damals und bisher, bis zur Mauernacht, wenn es denn fixiert werden sollte, seien die vertrauten Westler die Türöffner zur Welt nebenan gewesen; nützlicher, wahrhaftiger oder richtig gesagt: realer als das bundesrepublikanische Fernsehen, weil die leibhaftigen westlichen Freunde im Freundeskreis hätten befragt, attackiert, überwunden oder bestätigt werden können. Türöffner zum Anfassen sozusagen. Eine Kommunikation des Hin und Her, nicht nur, wie aus dem Fernsehapparat, auf einer Einbahnstraße.

»Für die Bundesdeutschen, die niemals oder

nur auf Stippvisite zu uns kamen, waren wir Exoten. Für uns seid ihr Dauerbesucher exotisch gewesen: eure Art zum Beispiel über eure Politiker zu sprechen; den Unterschied zwischen Sonntagsreden und Alltagswirklichkeit offen darzulegen. Unheimlich war mir das. Es hat mich fasziniert, aber behaglich habe ich mich dabei nicht immer gefühlt.« Aber förderlich oder irritierend, fremdartig oder verheißungsvoll für eine spätere eigene Zukunft – was immer bewirkt worden sei von dem Umgang mit diesen »Westlern ohne Scheu« (und da sei vieles zusammengekommen, Hilfreiches ebenso wie angesichts der herrschenden Verhältnisse schließlich doch Sinnloses): Jetzt sei das alles Vergangenheit, es versinke mit der DDR. Die westlichen Freunde seien unter den Bundesdeutschen immer eine Minderheit gewesen, die von der Gleichgültigkeit der westdeutschen Mehrheit gegenüber der sogenannten deutschen Frage geschützt worden sei. Jetzt aber strebten die Mehrheiten hüben und drüben zueinander, aus mancherlei Motiven: vorherrschenden und vorgegebenen. Jedenfalls könne die eine Mehrheit sich der anderen, der ärmeren, nicht entziehen.

Die Frau setzte ihren Schlußpunkt: »Was fange ich da mit einer Minderheit an? Den Luxus leiste ich mir nur zur Volkskammerwahl.«

Das war jedoch noch nicht ihr letztes Wort gewesen. Sie kehrte zum Thema des Mannes neben ihr zurück, um den abschließenden Hieb zu plazieren, der nicht mehr vom Spott geführt wurde, sondern aus einer Gefühlswirrnis, in der das Bedürfnis, zu verletzen, mit einer Selbstverletzung unauflöslich verbunden war: »Am Ende bist du melancholisch, weil du und deinesgleichen eine Besonderheit verlieren.«

Sie waren inzwischen an ihrem Ausflugsziel, dem See inmitten von Buchenhügeln, angekommen. Das Automobil hatten sie auf dem Waldweg abgestellt, der zum Wasser hinunterführte. Der Mann unterschied zwischen weißen und schwarzen Seen: Weiße nannte er solche, die in offenen Wiesengründen liegen und das Licht, das sie empfangen, verstärkt zurückgeben; eine helle Fläche, die ihren Schilfgürtel überstrahlt und von der die Augen zu schmerzen beginnen, wenn sie auf ihr ruhen wollen. Selbst Gewitterwolken können die Helligkeit des Wassers nicht ersticken: An den Rändern des dunklen Spiegelbilds, das sie auf den See werfen, verschärft sich dann das weiße Licht noch und sticht zur Wolke hinauf. Noch unter einem gänzlich bedeckten Himmel bleibt ein heller Schimmer auf dem Wasser zurück.

Schwarze Seen sind in Moore oder Wälder gebettet. Der Beobachter kennzeichnete sie auch als lichtscheue Gewässer. Mit dunkelbraunem oder schwarzem Samt scheint ihre Oberfläche überspannt. Vögel, die sich auf schwarzen Seen niederlassen, Ruderschläge: nichts kann die Dunkelheit des Wassers aufreißen. Sonnenstrahlen, die auf dem Wasser weißer Seen in Helligkeit zerschellen: eine Explosion, die über den See rast, bis sie Bahnen, wachsende Flecken, die ganze Fläche in Silber verwandelt hat – dies Sonnenlicht ermattet auf schwarzen Seen, versickert, muß neu ansetzen, schafft für eine kurze Dauer eine vom Wasser widerwillig mitvollzogene Aufhellung ins Grünliche und ist schon wieder versunken.

Der Beobachter sprach auch von Gewässern, die sich selbst genügen, den Widerschein verweigern. Er liebte die schwarzen Seen mehr als die weißen. Ihn hätte eine Statistik interessiert, welche Seen mehr Selbstmörder anziehen. Von solcher morbiden Wißbegier sprach er nicht, nun er mit der Frau zwischen hohen, noch kahlen Buchen zu einem schwarzen See hinunterging. Aber entgegen seiner sonstigen Art, die ihn von Empfindungen, wodurch auch immer vermittelt, eher schweigen ließ, erläuterte er seine Einteilung von Seegewässern, schmückte sie aus mit Beschreibungen von Licht und

Samt, einladender Fläche und abweisender Tiefe.

Hatte er unbedacht über seine Melancholie gesprochen, so war ihm jetzt die »Naturlyrik«, wie er seine Ausführungen, sich selbst von ihnen distanzierend, nannte, eine nützliche Ablenkung. Der Mann fühlte sich verletzt vom Spott und Hohn, mit dem die Frau seine Anteilnahme am Geschick der Menschen im ärmeren deutschen Staat quittiert hatte. Und fühlte er sich auch erkannt, mindestens teilweise durchschaut?

Der See war in einer guten Stunde bequem zu umwandern. Der Wald zog sich bis zum Ufer hinunter; der Weg entfernte sich vom Wasser nicht, sobald er es in einem sanften Abfallen erreicht hatte. An ein paar Stellen mußten die Spaziergänger über Wurzeln steigen und Regenpfützen ausweichen. Niemand begegnete ihnen an diesem Tag.

Der Chronist war in früheren Jahren oft geschwommen in dem See. Damals hatte er zu jenen Westdeutschen gehört, die im Dienst der Bundesrepublik standen und sie beim kleineren, vergleichsweise armseligen deutschen Staat vertraten; beauftragt, Spannungen zu dämpfen, um Teilungsnöte mildern zu können. Man konnte auch sagen: die Anomalie zu normalisieren. Das focht ihn nicht an. Er und seinesgleichen besaßen ihre Erfolgserlebnisse. Richtig war, daß ihre Aufgabe über die Gegenwart nicht hinausführte. In dieser Beschränkung erkannte er einen heilsamen Zwang. Er argwöhnte bis in jede Gehirn- und Herzkammer hinein, daß große Entwürfe, ausgreifende Zukunftsverheißungen, emotionale Verpflichtungen auf ein besseres Morgen noch immer zu Lasten der jeweils gegenwärtigen hilfsbedürftigen Menschen verfolgt worden waren.

Seine Utopie war eine Entwicklung ohne Sprünge, waren unmerkliche Übergänge von heute auf morgen im Schrittempo der Schwachen. Er nannte sie ohne Zögern »die kleinen Leute«, wohlwissend, daß viele in dieser Floskel nicht seine Zuneigung wahrnahmen, sondern Überheblichkeit darin hörten. Er scheute die Mißdeutung nicht, er konnte stur sein in dieser Sache, denn sie berührte sein Verständnis vom gewöhnlichen Menschen, den er behütet sehen wollte vor jeder ideellen und materiellen Überforderung. Er wollte um keinen Preis, daß der gewöhnliche Mensch veranlaßt wird, über sich hinauszuwachsen. Er pries die Kleinmütigen. Er idolisierte die kleinen Leute nicht. Die breite (nicht tiefe) Demokratisierung des öffentlichen Lebens in den letzten hundert Jahren hatte ihr Los in der industrialisierten Welt überwiegend verbessert, wozu auch die vergrößerte Chance zählte, aus der Regel zur Ausnahme emporzusteigen.

Die modernen Zeiten und ihre Steuerungsinstrumente hatten die Mehrheit jedoch auch zu einer gefährlich verführbaren Masse werden lassen; in der Volksbewegung des Nationalsozialismus beispielsweise. Der Hausmeister der Münchner Universität, der die Geschwister Scholl bei den Behörden denunziert hatte, er hatte zu den kleinen Leuten gehört. Aber am Ende, so sah es der Chronist, blieben sie stets das Objekt, waren sie nur der Humus der Geschichte, auch wenn ein Massenwahn sie in sogenannten großen Stunden in ein Düngemittel der Historie zu verwandeln vermochte, das sich, um das Bild zu vollenden, geradezu freudig ausstreuen ließ. Er wünschte für die Menschen eine Zeit ohne nennenswerte Geschichte; lange Perioden, in denen höhere Sinngebung mangels jeder Art verfügbarer Masse – Menschenmassen und Massenwahn – versiegen müßte und Platz machen den konkreten Bedürfnissen der von Verführung verschonten Hinfälligen. Er ironisierte selber seine historische Genügsamkeit als idyllisch und erkannte ihren Widersinn wie ihre natürliche Begrenzung: Mehr als eine Pause zum Atemholen nach einer vollständigen historischen Erschöpfung erträgt die Natur des Menschen nicht. Danach reckt sie sich wieder.

Mit wachsender Einsicht genügte es ihm, wenn die Pause verlängert wurde. Darin lag für ihn der Sinn seines auf die Gegenwart gemünzten dienstlichen Auftrags in der DDR. Die Verhältnisse in dem Staat, in dem er Freunde gefunden hatte, sollten, würden nicht so bleiben, wie sie waren. Sie hatten sich schon verändert – nicht genügend, nicht schnell genug, ständig von Rückschlägen bedroht. Der wesentliche Wandel war: Der opponierenden Minderheit schien das Risiko der Ahndung durch das Regime erträglicher, erträglich zu werden. Das hatte zum geringeren mit – verspäteter, zaghafter – Besinnung auch innerhalb der herrschenden Partei, von wenigen auf unteren Ebenen, weiterhin in die (gegebenenfalls auch bequeme) Parteidisziplin eingebunden, zu tun. Zum anderen, bedeutenderen, entsprang die erhöhte Widerspruchsneigung dem Generationswechsel, der neue Formen der Abweichung, vergleichbar dem Auftreten westlicher Minderheiten, ins Land gebracht hatte. Konnte die weitere Veränderung behutsam vonstatten gehen?

Der Chronist spürte, daß die Ungeduld der Benachteiligten, die sie ihm nicht als ihr gutes Recht erklären mußten, aber deren Folgen für sie er fürchtete, seit Jahren wuchs: in dem Maße, in dem die allgemeine Erinnerung an die nun schon Jahrzehnte zurückliegende, jüngste Überforderung namens der Geschichte verblaßte. Nicht nur die seither Nachgewachsenen erzeugten die Stimmung, in der ungebrannte Kinder ihren kreatürlichen Anspruch auf eigene Erfahrungen geltend machen. Auch viele dem Chronisten Gleichaltrige, selbst solche, die über Jahre hin, wie er, die sprichwörtlichen kleinen Schritte als die einzig erträglichen angesehen hatten, verloren ihre einst im Krieg erworbene Scheu vor der Geschichte.

Der verständliche Wunsch nach einer materiellen Angleichung der eigenen Lebensverhältnisse an die der Bessergestellten im Westen fand zunehmend wieder, gerade auch im Munde westlicher Intellektueller, einen ins Höhere zielenden Ausdruck. Die Geläufigkeit, mit der Führungseliten, Politiker wie Schriftsteller wie anderes hervorgehobenes Personal, im Namen der unterschiedlichsten Demokratiesysteme stets davon ausgingen, in Selbsttäuschung oder zynisch, daß ihre gesellschaftlichen Wertmaßstäbe, ihre geistigen Bedürfnisse, ihre Ideale für die jeweils Geführten dieselbe Bedeutung hätten wie für die Führenden und deren Sinndeuter - diese geläufige Gleichsetzung war im Osten längst zu einer blutleeren Agitation verkümmert, befeuerte aber mit Beginn der polnischen Instabilitäten den westlichen Blick nach Osten. (Die einstigen Geburtseliten hatten sich den Kopf nicht zerbrochen über einen vermeintlichen oder angeblichen Gesinnungseinklang mit den Nachgeordneten.)

Die achtziger Jahre gerieten mehr und mehr zur Vorstufe historischer Umwälzungen, auf der die widersprüchlichen Bündnisse die Regel sind: Bürgerrechtler, im Westen von der herrschenden Stimmung eher verpönt, wurden im Osten zu Kronzeugen westlicher Nationalkonservativer; der Antikommunismus war vorübergehend nachsichtig mit östlichen Schriftstellern, die zwar kommunistisch gesinnt waren, aber dem Regime opponierten. Der historische Zungenschlag wurde wieder eingeübt.

Der Chronist jedoch traute der Geschichte auch weiterhin nicht. Er verharrte in seiner Überzeugung, daß die heraufziehenden historischen Zeiten wiederum ihre Opfer vor allem unter den kleinen Leuten finden würden. Welche Menschenrechte braucht der Schwache? Die wachsende Bereitschaft von Minderheiten jenseits der Elbe, das Auffälligwerden nicht mehr zu scheuen, sich einzumischen ins Öffentliche – der Beobachter wollte diese Bewegung als Ansatz zu gründlichen, aber schonungsvollen Umgestaltungen verstehen. Aber er wußte, daß er sich damit selber täuschte.

Eine Entwicklung ohne Sprünge und Brüche – seine Hoffnung, der die Vergeblichkeit stets innewohnte: ihre Frist ging dem Ende zu. Was konnte er einwenden gegen die herkömmliche Wahrheit, daß der Mensch ohne die Fähigkeit, Menschen mit wechselnden Begründungen in Kriegen, Revolutionen und anderen historischen Gewalttätigkeiten zu opfern, noch am Vorabend seiner Geschichte stünde? Resigniert lauschte der Chronist so manchen seiner Freunde hüben und drüben, die, einst auch zum Skeptizismus bekehrt, der wiedererweckten Geschichte bedenkenlos, berauscht sogar ihre Stimme liehen.

Als er jung gewesen war, hatte er seine Illusion noch formuliert: Laßt uns ein abendländisches Idol entthronen. Nicht länger soll Ikarus uns ein Vorbild sein, der im Höhenflug der Sonne zu nahe kommt, so daß das Wachs seiner Flügel schmilzt und er zur Erde niederstürzt. Laßt uns Dädalus verehren, der das Fliegen erfunden hat, aber in bekömmlicher Höhe praktizierte. Jetzt, konzeptionell verstummt, jedoch gelegentlich immer noch ein Prediger der abgemessenen Schritte, mehr verzweifelt als gläubig – jetzt bescherte ihm sein anhaltender Widerwillen, sich von der Geschichte mitreißen zu lassen, die Aufkündigung von Freundschaften und die Unterstellung, am Bestehen festhalten zu wollen. Aber seine Unbeirrbarkeit sicherte ihn auch, zu seiner Genugtuung, vor Opportunismus.

Es war wieder opportun, historisch zu fühlen. Er trat beiseite. Das Tempo der Veränderungen steigerte sich ins Rasende. Die Mauer fiel. Hatte ihn die Geschichte ins Unrecht gesetzt, widerlegt? Hatte die Geschichte eine andere Natur angenommen? War er gescheitert? Er hatte an einer Pause mitgewirkt.

Das war es. Nicht ein ganzes Leben, aber doch ein wesentlicher Teil davon. Was sagte er davon, als er mit der Frau an diesem Märztag den dunklen See umschritt?

Seine Naturbeschreibungen waren versiegt. Er wies auf sein Verlangen nach geschichtslosen Zeiten hin, das die Frau aus früheren Gesprächen kannte. Er erwähnte, etwas geniert, weil das Bild ihn in seine Jugend zurückführte, Ikarus und Dädalus – wozu er von seiner Begleiterin hörte, die Erhöhung des Vorsichtigen, Halbherzigen sei die allerfeinste Definition des Sozialdemokratismus, die sie kenne. Aber danach lenkte sie ein: Es sei ein Scherz nur gewesen. Wie sollte ausgerechnet sie den vorsichtigen Gebrauch von Fertigkeiten gering achten? Es lebe Dädalus, der sozusagen ein Mitflieger gewesen sei, wie sie eine Mitläuferin. Also doch kein Einlenken, nur eine andere Art, einen Entlastungsangriff zu führen: die Last der Ratlosigkeit nach dem Verlust der gesicherten Anpassung zu mindern durch Aggression; diesmal nicht, wie auf der Herfahrt, gegen den Chronisten gerichtet, sondern gegen sich selber. Ein Selbstmord aus Angst vor dem Tode. Der Ausflug über Land, der die Frau hatte aufmuntern sollen, schien ihre Anspannung nur noch zu steigern.

Der Mann, der neben ihr ging und zwei-, dreimal den Schritt verhielt an Badestellen vergangener Jahre, den Blick abschätzend aufs Wasser gerichtet, wie weit er seinerzeit hinausgeschwommen war, und von einer Bucht aus zum anderen Ufer deutend: hier habe er den See durchquert – der Mann mußte den Gedanken unterdrücken, daß die Frau ihm seit einiger Zeit gelegentlich lästig war. In mancher Hinsicht ein musterhaftes Studienobjekt für Verhaltensweisen in Übergangszeiten, artikulationsfähig, im Grunde doch wohl standfest, wie er für sie hoffen wollte; aber als befreundetes Wesen mehr und mehr eine Zumutung.

War sie am Ende die Ursache der Melancholie, die ihm auf der Fahrt erst den Mund verschlossen, dann für sentimentale Heimatdefinitionen geöffnet hatte? Er kehrte, nach dem kurzen Abschweifen ins griechisch-mythologisch gekleidete Grundsätzliche, zu der Frage der Frau zurück, beim Halt am Birnbaum gestellt, was ihn verdrießlich stimmte. Dabei ließ er ihre Schlußfolgerung aus seinem ersten Versuch, seinen Trübsinn zu erklären, nicht außer acht.

»Du bist melancholisch«, so hatte sie gesagt, »weil du und deinesgleichen eine Besonderheit verlieren.« Das war vielleicht nicht nur gehässig gewesen, sondern klarsichtig? Er hätte geltend machen können, daß die Frau und ihresgleichen Gewinn gezogen hatten aus seiner und anderer Westler Besonderheit, die sich auf die DDR eingelassen hatten. Keinen nennenswerten materiellen Nutzen. Die Bücher, die er mitbrachte, der italienische Weißwein, den er gelegentlich zu den Abenden im Freundeskreis beisteuerte – von wesentlichem Wert war dabei, daß die in freundschaftlichem Umgang erworbene Vertrautheit miteinander die Geschenke zu einer gesellschaftlichen Konvention werden ließ: Ausdruck der höflichen Dankbarkeit eines Gastes, keine wohltätige Spende eines Bessergestellten.

Nicht in ihren Standpunkten und Diskussionen, wohl aber in ihrem Verhalten war die Teilung überwunden gewesen. Eine Selbstverständlichkeit, allen von außen gesetzten Fakten zum Trotz, die jahrelanger Übung bedurft hatte. Ein unschätzbarer Zugewinn für das real existierende Leben: personale Unangefochtenheit statt Befangenheit. Keine Beweisnöte, keine Rechtfertigungen, keine Stellvertreterkriege.

Der Beobachter, der westdeutsche Gewohnheitsgast hätte zugestimmt, wenn ein Liebhaber hochgestochener Definitionen im Blick auf die west-östlichen Freunde von nationaler Identität, die ihren Kreis kennzeichnete, gesprochen hätte. Die Freunde gebrauchten den Begriff niemals. Aber falls dessen vage Bestimmbarkeit irgend dingfest gemacht werden konnte, dann mochte es an ihrer Art Zusammengehörigkeit sein.

Ein paar Identitätsfaktoren, die vorgegeben waren: die Sprache; die Schlaflieder der Kindheit; die Gedichte; die gemeinsame historische Vergangenheit der Eltern, Großeltern; Frühstücksgewohnheiten. Hinzu kam, gleichbedeutend, ihr Bewußtsein von der deutschen Gegenwart: für die Freunde kein Anstoß zu abstrakten Beteuerungen, sondern das Fundament konkreter Einsichten in Unterschiede, die jedoch erkennbar, spürbar eingebettet blieben in wechselseitige Vertrautheiten, auf die ein deutsch-polnischer oder deutsch-französischer Freundeskreis nicht im selben Maße bauen konnte. Eine Identität, gewonnen aus bewußten, aus strittigen Erfahrungen mit Menschen; ein Mühen, kein pathetischer Vorsatz, kein im Himmel geknüpftes Gemeinschaftsband.

Der Mann, den die nervöse Aggression der Frau irritierte, war fast willens, seiner Ausflugsgefährtin zu sagen, daß sie mehr als er einbüßen werde mit dem Entschwinden der Besonderheit. Würde sie weiterhin, nach der staatlichen Vereinigung des bisher Getrennten, auf eine jahrelange Einübung der Zusammengehörigkeit rechnen können? Nicht ohne Sinn für die waltende Ironie hatte der Beobachter in den letzten Wochen vermerkt, daß der konkrete, außergewöhnliche Zusammenhalt, soweit er möglich gewesen war zwischen hüben und drüben, brüchig wurde, indes die abstrakten Behauptungen über eine nationale Identität, die endlich, gerade auch für die Bundesdeutschen, vom unablässigen Traum wieder ins Leben getreten sei, wucherten. Den beredten Traumdeutern aber fehlte die Identitätserfahrung, die ihm in abendlichen Gesprächen über Jahre hin zuteil geworden war.

Aber wollte er der Frau jetzt eine Rechnung für erwiesenes Verständnis aufmachen? Sollte die Landpartie im Streit enden? Verstimmte ihn die Frau denn nicht deshalb so stark heute, weil sie einen Grund – den Kern? – seiner Hinwendung zur DDR beim Namen genannt hatte: Eigensucht? Auch davon hatte sie auf der Fahrt zum See gesprochen.

Der Mann hätte sich gern niedergesetzt. Er empfand immer, daß Gespräche im Gehen sich dem Rhythmus der Schritte anpaßten, einen Teil ihres Tempos, einmal stockend, einmal eiliger, vom Körperlichen diktiert bekamen. Wollte man ganz Herr der Artikulation von Gedanken und Gefühlen sein, sollten gar Bekenntnisse, Geständnisse ausgedrückt werden, bei denen allein die Stimmung des Sprechenden, nicht auch seine Schrittfolge den Wechsel vom Strömen der Sätze zum Innehalten bestimmen sollte, dann nahm man besser Platz.

Dem stand die Jahreszeit entgegen. Der Märztag war windstill, aber kühl. Die gestürzten Buchen, auf die sie sich hätten setzen können, waren feucht wie das Laub des Vorjahrs, in dem die Bäume lagen. Immerhin, er konnte die Frau veranlassen, ein paar Minuten stehenzubleiben. Mit einem Zweig, den er vom Boden aufgehoben hatte, strich der Mann durch das

Wasser einer Regenpfütze. Kleine Wellenschläge, die sich schnell glätteten.

Nachdem er zu sprechen begonnen hatte, gingen die beiden doch weiter, nun schon auf dem Rückweg. Es würde bald Abend sein. Melancholisch, so sagte er und bemühte sich, gleichmäßig-zügig vorzutragen, als wollte er seinen Schrittrhythmus hintergehen, ihn abhalten, den Sprachfluß mitzubestimmen; auch war deutlich, daß er zu einem Monolog angesetzt, kein Argumentieren mit der Frau im Sinn hatte: melancholisch sei er auf der Fahrt über Land vor allem geworden, weil er sich vorgestellt habe, wie bald schon westdeutsche Selbstgerechtigkeit das Schlußwort über die hiesige Armseligkeit sprechen werde. Die Mehrheit bei ihm zu Hause, in der Bundesrepublik, habe sich für den kleineren deutschen Staat nicht interessiert; nicht einmal seine Abschaffung, was immer jetzt behauptet werde, sei ihr wirklich wichtig gewesen. Ein paar Hände voll Menschen in erbitterter Ablehnung, ein paar Hände voll bereit, die DDR unter ihren Bedingungen zu verstehen. Der Rest – Gleichgültigkeit. Aber eben auch: Schweigen. Nun würden sie alle reden, urteilen.

War er versucht gewesen, als er von seiner und seinesgleichen Bereitschaft sprach, die DDR unter ihren Existenzbedingungen zu verstehen, hinzuzufügen: zu verstehen, nicht zu billigen? Er hatte es nicht getan, aber er unterbrach sich nun selber, um seiner Begleiterin zu sagen, daß ihm eine solche salvatorische Klausel auf der Zunge gelegen habe: diesmal noch und ihr gegenüber selbstironisch, aber künftig?

In seinem Ost-Berliner Hotel, so glitt er wieder in den Redefluß hinein, seien sie in rasch wachsender Zahl zu studieren: sondierende Prokuristen, schnellfertige Journalisten. Für die einen erschließe sich ein Markt, so nahe gelegen und so gierig. Für die anderen habe die Vergangenheit der DDR nur den einzigen Sinn gehabt, in die berichtenswerte Gegenwart zu führen. Eröffnungsbilanzen und Schlußberichte. Das schlechte Benehmen einiger, ihr rüpelhafter Umgang mit dem Bedienungspersonal, gestern habe er vom Nebentisch gehört: »Wenn erst unser Geld da ist, dann werden sie schon springen« – das sei nicht weiter der Rede wert, sei üblich, gebe es auch, wenn Skandinavier in Hamburg einfielen, freilich ohne den Hinweis aufs bessere Geld, auch seien die Kellner im Land in der Regel wirklich nicht gut.

Wesentlich sei: Die westdeutsche Gleichgültigkeit habe sich nur punktuell verändert. Die Bundesbürger, mit denen er spreche, hielten Ausschau nach kommenden gunstigen Gelegenheiten und sammelten Nachweise für die dunklen Seiten des hiesigen Lebens. Die DDR als Räuberhöhle, Galeere, Schreckenskammer. Westdeutsche, hereinspaziert ins Gruselkabinett. Da sei manches zu besichtigen. Er (der diesen Monolog hielt auf dem Weg zum oberhalb des Sees abgestellten Wagen), er meine wahrhaftig nicht, daß das Dunkle aufgehellt oder auch nur verschwiegen, verborgen werden solle. Es müsse alles ans Licht: nicht nur die Zahl von Honeckers Waschmaschinen, die derzeit wohl ein Interesse auf dem niedrigsten gesamtdeutschen Nenner finde. Wie weit die frühere amtliche Selbstdarstellung der DDR von der Realität entfernt gewesen sei – wer wisse das nicht? Aber wie weit, weit genug, um ihn melancholisch zu stimmen, liege denn auch das heutige Bild neben der schnellschwindenden, einstigen Wirklichkeit des Lebens hier?

Er sagte der Frau: »Früher hat das Regime euer Leben eingeengt. Ihr hattet euch eingerichtet. Jetzt wird eure Erinnerung an euer Leben in Zweifel gezogen, widerlegt, ausgetauscht. Wer sich korrekt erinnert, der irrt: Ihr habt nicht so gelebt, wie ihr empfunden habt zu leben. Wir belegen euch jetzt, was euer Leben war: eine einzige Qual.« In zwanzig Jahren werde gewiß der Alltag in der DDR als Alltag erforscht werden. Vorläufig jedoch störe die alltägliche Wirklichkeit die glatten Rechnungen. »Warum geraten wir nicht ins Nachdenken? Ihr gebt uns soviel Anlaß: eure Wirklichkeit aus Drangsalierern und Drangsalierten und den vielen davon Unberührten. Die Schuld oder Unschuld derer, die in allen Systemen beiseite stehen; je auf die Art, die das System zuläßt. Jeder, der das mehrheitlich Übliche hier wahrnahm, konnte eure Nischen erkennen. Für viele bei uns zu Hause war das eine ärgerliche Feststellung: Sie störte die Vorstellung von der unablässigen Unterdrückung, von der allgegenwärtigen Politisierung des Lebens. Nun können wir die Nischen wieder leugnen, weil sich herausstellt, daß euer Leben nicht idyllisch war. Nischen sind nicht ihrer Definition nach idyllisch. Ist die Nische eines Arbeitslosen aus dem Ruhrgebiet, seine Taubenzucht, idyllisch? Nischen sind in allen Systemen der gewöhnliche Aufenthalt der Mehrheiten. Welche Minderheit urteilt über das Verhalten der Mehrheit? Ist ein solches Urteil ein mißbrauchtes Privileg, weil eine Minderheit ihre Maßstäbe absolut setzt? Das gewöhnliche Leben bei uns, das gewöhnliche Leben bei euch: zum Glück der Mehrheiten fern von der Politik. Bei euch eine Anstrengung, keine unerfüllbare; bei uns systemimmanent. Ist eure Anstrengung, eine Nische zu gewinnen, nun also unethisch, unmoralisch gewesen? Es gibt wohlfeile Anklagen bei uns. Wird es jetzt auch wohlfeile Selbstanklagen bei euch geben? Die Idee, die Überzeugung, der Opportunismus und die Übergänge zwischen ihnen: so viel, um über verdeckte und offenliegende Gleichartigkeiten zu grübeln, anstatt nur Befriedigung aus den Unterschieden zu ziehen. Warum müssen wir euch die Fülle auch eures Lebens in Glück und Unglück streitig machen? Hat es euch, des Systems wegen, nicht zugestanden? Warum können wir nicht neugierig sein auf alle Gerechten in eurem Land? Also auch auf alte Kommunisten, die nicht privilegiert waren, gern von der Vergangenheit sprachen und kaum von der Gegenwart.«

Was ihn melancholisch stimme, wenn er über Land fahre, seien die vielen unerzählten Geschichten, ihre Preisgabe ans Vergessen, Verdrängen und Vereinfachen.

Sie waren noch einmal stehengeblieben. Die Frau sah ihn spöttisch an, hob und senkte die Achseln. Er legte die Spitze des Zweigs, den er noch mit sich trug, vorsichtig an ihre Wange. Ein sanftes Strafen, ein Anstoßen, um die Zuhörerin aufmerksam zu machen? Ja, sagte er, auch Eigensucht sei dabei. Die DDR und die Lebensläufe in ihr, sie hätten ihm und seinesgleichen allein gehört. Viel Zuneigung, viel Aufmerksamkeit sei ihnen hier zuteil geworden. Die Ausbeute der Besonderheit. Nun könne jeder kommen. Seine Wahrheit sei die von gestern.

Sie legten die letzten Schritte zum Automobil schweigend zurück. Unter den Bäumen hockte seit längerem schon die Dämmerung, die jetzt auf den Weg vorrückte.

Er hatte beabsichtigt, zum guten Ende des Ausflugs die Frau zum Essen nach West-Berlin zu führen. Aber nun sagte sie: »Bleibe im Lande und nähre dich redlich.« Also nahmen sie den Rückweg über eine Kleinstadt nahe Berlin, die Ende der siebziger, Anfang der achtziger Jahre saniert worden war. Alte, brüchige Häuser waren von Wohnblöcken im Fertigbau ersetzt worden. Damals ein Beispiel mehr, an dem der Beobachter einen inneren Konflikt hatte austragen müssen: Seine Wehmut über die endgültige Vernichtung der angeschlagenen Schönheit, über die Vollendung ihres allmählichen Verfalls durch die Abrißbirne, stritt mit seiner Einsicht, daß die Armut des Landes eine Restaurierung ausschloß und die normierten, häßlichen Neubauten für ihre Bewohner verbesserte Lebensumstände schufen. Saniert. Kaputtsaniert? In der neuen westdeutschen Musterung der DDR, beim Inspizieren der Hinterlassenschaft, dienten auch die Blöcke hier und anderswo im Land nun dem Systemvergleich. Aber welcher real existierende Sozialismus bestimmte gewisse Wohnverhältnisse zum Beispiel in Neapel?

Der Mann ließ die Erinnerung an seinen Kummer damals, den selbstquälerischen Akzent, den sie mit seinem Aufbegehren gegen gedankenlose Gewißheiten jetzt hatte, unerwähnt, als er mit der Frau zum Marktplatz der Stadt fuhr. Er war müde.

Sie kannten beide das Speiselokal, in das sie gingen: im Erdgeschoß eines der wenigen alten Häuser, die erhalten geblieben waren. Nicht erhalten, stehengelassen. In einem der zwei Räume war das kellerartige Gewölbe unverkleidet; nebenan, wo die Theke mit dem Bierhahn stand, war eine Zwischendecke aus Spanplatten eingezogen worden. Oberhalb eines dick überstrichenen Holzpaneels war das ölige Weiß der Decke und Wände vergilbt.

Beim Eintreten roch man den Küchendunst nicht nur, sondern meinte, ihn wie eine amorphe Masse zu spüren, die einen umschließen würde, sobald man Platz genommen hätte. Die Tischplatten, die Sitze und Lehnen der Stühle waren aus Kunststoff, dessen marmoriertes Hellgrün das Umspringen des Zweckmäßigen ins Schäbige farbig demonstrierte. Das beste Haus am Platze.

Der Beobachter wog die Gabel seines Aluminiumbestecks in der Hand, als er mit der Frau auf das Essen wartete. »Uri-Geller-Gabeln«, sagte sie. »Sie biegen sich, wenn du sie scharf anblickst.«

Er wußte nicht: Hatte sie ihn zum Einkehren in eine hiesige Gastwirtschaft veranlaßt, weil sie, sentimental gestimmt, den zunächst geplanten Abstecher nach West-Berlin als einen falschen Abschluß dieses Tages ansah – oder wollte sie ihm exemplarisch vor Augen führen, worüber er, ein Bevorteilter, der immer schon in den Westen reisen konnte, gesprochen hatte? Beides konnte auch in eins gehen.

Falls sie seinen Monolog am See durch diesen Lokaltermin auf die Realität zurückführen wollte, er würde es ihr nicht verwehren. Der Einwand war ihm vertraut wie das Lokal. Für heute oder länger war er des Bemühens überdrüssig, die Wirklichkeit hinter ihrem früheren oder ihrem jetzigen Abziehbild zu suchen. Die Wirklichkeit, eine Wirklichkeit, seine Wirklichkeit. Redselig, wie er heute gewesen war, und davon erschöpft, beneidete er an diesem Abend jene, die durchs Leben kamen, ohne viel zu fragen. Beide Ausflügler blieben einsilbig auf der Fahrt zurück nach Ost-Berlin.

Beschleunigte sich die Entwicklung im Land noch oder verlangsamte sie sich nun? Geriet die Mitläuferin noch weiter außer Atem oder war es ihr möglich, Luft zu holen? Der neue Abschnitt der Glücksbahn, der Wahnsinnsstrecke, des Erfolgskurses, der Todeskurve hatte mit der Volkskammerwahl begonnen. Darin stimmten die öffentlichen Verlautbarungen und die Auffassung des Freundeskreises überein. Auf der nächsten Durchgangsstation würde das richtige Geld ausgehändigt werden.

»Dann beginnt der Ernst des Lebens«, sagte die Frau. »Eine beliebte Redewendung meines Vaters. Aus derlei Sprüchen bestand sein Sprachvermögen. Wenn er es erlebt hätte, daß er den treffendsten Ausdruck für unsere nahe Zukunft besaß: der Ernst des Lebens.«

Es war schwer zu bestimmen, ob das Vergehen, Verwehen, Verkümmern des Gewohnten noch an Tempo gewann oder eher schleichend wurde. Wer hatte denn so festen Grund unter den Füßen, daß er die Geschwindigkeit des fortschreitenden Wandels hätte messen können wie etwas an ihm Vorbeiziehendes? Nichts zog an den Menschen im Land vorüber, sie wurden mitgetrieben.

Die Frau, die in diesen Wochen gelegentlich geheimniskrämerisch wirkte, verschlossen war, weniger streitsüchtig, stellte eines Abends eine Frage, die allen im Kreis anstößig erschien. Niemand hätte sagen können, ob, was sie vortrug, einer augenblicklichen Eingebung entsprang oder ihr schon länger im Gemüt steckte.

Gewaltige Vorgänge wie die jetzigen, von denen man ein Teil sei, das Unterfutter zumindest – erhöhten sie die normalen Empfindungen, fragte sie, oder stumpften sie sie ab? Gesetzt den Fall, man habe in solchen Zeiten einen Todesfall in der Familie, unterstellt gar, er habe sich in der Mauernacht ereignet: sei man zur vollen, angemessenen Trauer fähig oder werde man von ihr durch das Großartige, Gewaltige, Übermenschliche, das alle ergreife, abgelenkt? Erhöhung oder Verdrängung? Trost aus der Geschichte oder Verdorren privater Gefühle: als was müßte man die Ablenkung, so es sie gäbe, ansehen? Oder verblasse das Allgemeine doch vor dem Trauerfall? Gewiß habe sie, führte die Frau aus, ein extremes Beispiel gewählt. Ihre Grundfrage sei: Welche Bindungen, welche Gefühle hätten in diesen Tagen einen sicheren Bestand, seien jedenfalls nur dem privaten Verschleiß unterworfen und nicht ausgeliefert an Übergeordnetes? Sei Verlaß auf ihre Fähigkeiten zum Glücklichsein und Trauern?

Die Frau mochte spüren, daß die Zuhörer peinlich berührt waren vom Ansatz ihrer Mutmaßungen über das Vor- oder Nachrangige privater und öffentlicher, allgemeiner Empfindungen. Aber falls sie nun sarkastisch überspielen wollte, was im Kreis Verlegenheit ausgelöst hatte, dann mißglückte es ihr. Die Stimmung blieb unbehaglich, niemand war bereit, mit einem Lachen zu einem entspannten Gesprächston zu finden, als die Frau ihren Fragen nach der Verläßlichkeit ihrer Bindungskraft hinzufügte: In Anlehnung an Todesanzeigen aus dem letzten Krieg und voller Respekt vor der großen Gegenwart könne sie demnächst vielleicht inserieren, daß sie »in stolzer Trauer« den Verlust ihrer privaten Gefühle mitteile. Oder ihres Arbeitsplatzes.

Beschleunigt noch oder nun verlangsamt, wer wollte es entscheiden? Eher war zu erkennen, daß im Bewußtsein der Freunde die Veränderungen im Land, die Folgen des Sturzes der Mauer konkreter wurden.

Dem Beobachter erschloß sich die Zerrissenheit des Gemüts der Frau aus dem Benehmen und den Äußerungen anderer Gesprächspartner. Keiner von ihnen gab sich Ausbrüchen hin, wie ihrem über Zweifel am Bestand der eigenen Gefühle, am Andauern der Beziehungsfähigkeit. Aber alle (alle, die aus der DDR stammten und nicht zum westdeutschen Segment des Kreises gehörten) verwandelten sich jetzt von fassungslosen Zeugen in aufgeschreckte Spekulierer.

Die ersten Monate nach der Mauernacht, Wahnsinn ist das, Wahnsinn, waren ein Taumeln, ein rasendes Durchleben ungebändigter Dramatik gewesen. Eine Erschütterung alles scheinbar Festgefügten, ein Zusammenbruch jeder Ordnung; sowohl jener, die einen bedrückt, als auch der, an die man sich gelehnt hatte: für viele dieselbe, die eine Ordnung. Eine Niederlage der aberwitzigsten Phantasie, ein Übertrumpfen von Träumen durch die Realität.

Seinerzeit – soll das vor drei, vier Monaten gewesen sein? Seinerzeit wurden die Eindrücke, die Wahrnehmungen des gestrigen Tages heute von neuen Beben, Stärke 8 bis 9 auf der nach oben offenen Empfindungsskala, an den Rand der Erinnerung gedrängt und waren morgen abgesunken auf den Grund eines Meeres, das alles verschlang. Eindrücke, Wahrnehmungen wurden Teil der versteinerten Wälder einer versunkenen Welt: Erinnerungstrümmer; Teil der nach dem Untergang in Kalk eingeschlossenen Lebewesen: Erinnerungsfetzen.

Tag für Tag, Wochen hindurch, kamen neue Schichten dazu. Über Nacht, über Mauernacht entstanden, schnellwachsend, die überfluteten Mental-Gebirge, deren Spitzen später, viel später bei dem und jenem, aus diesem Anlaß oder einem anderen, die Oberfläche durchbrechen mochten. Aber was vorging, war in seinem raschen Ablauf, in seinem Stürzen und Überstürzen, war mit seinen neuen Maßstäben: Opfer, Täter, Komplizen, so beschaffen, daß viele Menschen, die meisten, in diesen Monaten sich selbst aus den Augen verloren. Sie nahmen wahr, daß ihnen ein neuer Platz zugewiesen wurde, aber sie konnten noch nicht seine Abmessungen, seine Schranken, seine Nachbarschaft erkennen.

War nun die Zeit der Nachbeben gekommen? Die Verwandlung des Landes nahm vordergründig den Anschein des Normalen an. Ein korrekt gewähltes Parlament, eine daraus gebildete Regierung: der Übergang ins Künftige, die Auflösung des, wenn nicht vertrauten, so doch gewohnten Staates gestalteten sich in den Formen wie ein Probelauf für morgen. Regierungserklärungen, Abstimmungen mit gelegentlich unvorhersehbaren Ergebnissen, eine geläufiger werdende Politikersprache im westlichen Stil: die öffentlichen Sensationen dauerten an, verloren jedoch in der Regel, mit Ausnahmen, das Unfaßliche.

Das noch Ungelenke des pluralistischen Parlamentarismus hatte liebenswürdige Züge. Nur die genaue Beobachtung der hiesigen Kopie des bundesrepublikanischen Vorbilds, der Form, in der man demnächst aufgehen würde, konnte die Abweichungen der befristeten Eigenständigkeit vom Bonner Original registrieren: Auch in der neuen Volkskammer duzten einige Christdemokraten manche Kommunisten.

Diese Umgangsgepflogenheit stand im krassen Gegensatz zu den parlamentarischen Abrechnungen, die von den Fraktionen der neuen Mehrheit an den in die Minderheit geratenen Kommunisten vorgenommen wurden. Tatsächlich jedoch drückte sich in jenem Du zunächst noch mehr Realität aus als in den gemeinsamen Erklärungen der nichtkommunistischen West- und Ost-Parteien, die jetzt zusammenstrebten; Christdemokraten, Sozialdemokraten, Freidemokraten: jeweils ein DDR-Flügelchen, demnächst an den kräftigen bundesrepublikanischen Leib geheftet. Das viel zitierte Neue blieb vorläufig erklärte Absicht; im Du zwischen bürgerlichen Ministern und kommunistischen Oppositionsabgeordneten aber trat gemeinsame Lebenserfahrung zutage.

Vielleicht würde dieses Du, dessen Gebrauch vom gewohnheitsmäßigen bis zum freundschaftlichen reichte, in den kommenden zwanzig, dreißig Jahren, bis die, die es sich entboten, dahingestorben sein würden, sich als das einzige dauerhafte Kennzeichen von Menschen aus der untergegangenen DDR erweisen.

Nach beständigen Identitätsmerkmalen wurde in diesen Monaten in öffentlichen wie privaten Diskussionen viel gesucht: zweiflerisch, in der Hoffnung auf einen Haltegriff von Deutschen in der verblassenden DDR; abschätzig zumeist von Westdeutschen, die dabei nicht das Taktgefühl, wohl aber die Wahrheit von der Wandelbarkeit herrschender Verhältnisse und der Menschen mit diesen auf ihrer Seite hatten. Besondere Solidarität, spezielle Anpassungstaktiken, eine relative Distanz zum konsumptiven Überfluß (aus der Not eine Tugend machen), Skepsis gegenüber dem Weihrauch von Politikern: alles erprobte Verhaltensmuster, die das Leben bisher bestimmt hatten, aber, so ließ sich vorhersehen, ohne die notwendige Kraft, sich unter den neuen Gegebenheiten zu behaupten. Was System und Regime an allgemeinen Eigenschaften und Erfahrungen, über das Individuelle hinaus, in den Menschen bewirkt hatten, würde nach kurzer Verzögerung dem System und Regime in die Vergangenheit folgen. Mit dieser einen Ausnahme vielleicht: Die Vertrautheit mit Kommunisten, ausgedrückt auch in jenem Du, unterschied die hiesige Mehrheit der Bürgerinnen und Bürger von der Mehrheit ihrer Nation im Westen. Der Umgang hatte keine bewußte Teilhabe an der Lehre begründet, er hatte die innere, jetzt auch nach außen gewendete Ablehnung der gesellschaftlichen Konsequenzen aus dem Lehrgebäude nur wenig geschmälert – aber Kommunisten, jedenfalls Anhänger einer kommunistischen Partei: die waren für die Deutschen hier Kollegen, Freunde, Konkurrenten, Eltern, Schwestern, Schwäger, Skatbrüder, Vorgesetzte, Untergebene, sympathische wie unsympathische Leute gewesen, gewöhnliche Menschen.

Neben der Distanz zur Ideologie und ihrer Praxis, war so zwischen Mecklenburg und Thüringen ein Beziehungsgeflecht entstanden, das in den abstrakten Kommunismus-Assoziationen der westdeutschen Mehrheit, die dämonisch schillerten, keinen Platz hatte. Dieser Teil der Lebenserfahrungen im kleineren deutschen Staat, der jetzt in der Öffentlichkeit weithin übertönt wurde von der Wendewut und nur dem aufmerksamen Ohr, beispielsweise im Duzen in der Volkskammer, über Fraktionsschranken hinweg, vernehmlich war – er mochte kennzeichnend bleiben. Wie einst manche Deutsche ihren guten Juden kannten, was den praktizierten Antisemitismus nicht verhinderte, so würden wohl viele der neuen Demokraten aus der ehemaligen DDR ihren anständigen Kommunisten in die Vereinigung mitbringen.

Es war ein merkwürdiges Parlament, des Merkens würdig, das da zusammengekommen war, um seinen Staat aus der Welt zu schaffen. Keiner der Parlamentarier war aus dem Kerker befreit worden. Von den schon wieder ohnmächtigen Splittergruppen und einigen Einzelgängern in den Mehrheitsfraktionen abgesehen, hatten die Mitglieder der Volkskammer noch bis gestern im Schutz ihres auskömmlichen, stillschweigenden Arrangements mit dem Regime, das von ihnen abgelöst worden war, gelebt.

Mit seiner Grundauffassung von der Natur der gewöhnlichen Menschen, vom Menschenrecht auf Unauffälligkeit, sah der westdeutsche Beobachter in dieser Nischenherkunft der Parlamentarier, die gewiß nicht ohne unerfüllbare Sehnsüchte, Nöte, unterdrückten Zorn, Skrupel, Anfechtungen, bittere Resignation gewesen war, keinen Anlaß zu Vorwürfen. Er meinte, die Volkskammer entspreche in dieser

Zusammensetzung weit eher der bisherigen Lebenspraxis ihrer Wähler, als es die ersten deutschen Landtage nach 1945 getan hatten, in die von den Mitläufern des damals untergegangenen Regimes notgedrungen Verfolgte aus Zuchthäusern, Konzentrationslagern und dem Exil gewählt worden waren.

Die öffentlichen Reden über das abgestreifte Gestern, das übergestülpte Heute und das versprochene Morgen, auf pathetischen Einklang mit den westdeutschen Verkündigungen zur Revolution vom November '89 gestimmt – sie besaßen freilich unter diesen Umständen, so empfand der Zuhörer, noch immer viel Charakteristisches aus der vergangenen Deutschen Demokratischen Republik. So, wie seinerzeit die staatstragenden Kräfte von Ereignissen und Errungenschaften gesprochen hatten, die es in der Wirklichkeit allenfalls in Vorsätzen und Ansätzen gab, ohne daß genau zu sagen gewesen wäre, wieviel Selbsttäuschung sich in die Behauptungen mischte: So wurde jetzt öfter einmal eine Revolution beschworen, die man vollbracht habe – und wußte man doch nicht mit Gewißheit, ob es nicht eher eine Massenflucht, ein Leerlaufen gewesen war, gegen das die östliche Vormacht keine Dämme mehr errichten konnte oder wollte. Und soweit es – nach der Fluchtwelle – auch noch revolutionäre

Aktivitäten gegeben hatte, also nicht nur die Früchte der Ratlosigkeit des Regimes der Greise geerntet worden waren: wer war aktiv gewesen? Die Mehrheit der Abgeordneten aus der neuen Volkskammer?

Der Zuhörer, der Beobachter hörte das Du, den Ausdruck einer vierzigjährigen Realität: das Konkrete anstelle des Abstrakten. Ein Augurenlächeln unter den Parlamentariern sah er nicht, wenn sie von ihrer Revolution sprachen. Sie gaben sich überzeugt von ihren öffentlichen Bekundungen – und wiederum war nicht auszuloten, welche verschwiegenen Erinnerungen an die eigene, anders geartete Vergangenheit ihnen beigegeben waren. Der Beobachter neigte dazu, sein Wesen schrieb es ihm vor, den neu und korrekt Gewählten wie ihren Wählern den guten Glauben zu unterstellen. Er fühlte sich bestätigt in seiner Idee vom Menschen, von dessen schier unverwüstlicher Fähigkeit, in historischen Zeitläuften mehrheitlich ein trügerisches Wahrheitsgefühl zu entwickeln, das aggressiv wird, wenn seine Widersprüchlichkeiten aufgedeckt werden. Man ließ das besser auf sich beruhen.

Die Sache selber – die Wende, die Veränderung, der Untergang der DDR – erinnerte den Beobachter an die Legende vom Stechlin-See, die erzählt, daß von Zeit zu Zeit aus dem See ein

Hahn auftaucht und kräht, zum Ereignis wird, weil weitab Gewaltiges vorgegangen ist; zuletzt der Ausbruch des Vulkans Krakatau.

Als der Chronist aus Westdeutschland im Freundeskreis vom Duzen zwischen Christdemokraten und Kommunisten in der Volkskammer berichtete, von dem, was er sich dabei gedacht hatte; vom Schatten sprach, der für ihn auf den Debatten ruhte; seine Mutmaßungen über das vielschichtige Wahrheitsgefühl von Gewählten wie Wählern äußerte; auch den Seehahn und dessen Abhängigkeit von anderen, fernen Ereignissen erwähnte – da spürte er schnell, daß die Versammelten ähnlich auf seinen Sermon reagierten, wie sie es auf die Selbstzweifel der Frau am Erhalt ihrer Beziehungsfähigkeit getan hatten. Was er ausführte, war den Freunden unbehaglich. Wenn die Frau mit ihren anstößigen Fragen nach dem Andauern oder Versiegen normaler Empfindungen in solchen Zeiten den verdrängten Ängsten im Kreis zu nahe gekommen sein mochte, so war ganz gewiß der Westdeutsche mit seinen ins Allgemeine zielenden Wahrnehmungen und Schlüssen von den leibhaftigen Interessen der Männer und Frauen, die ihm in freundlicher Verweigerung zuhörten, zu weit entfernt.

Nach dem Abend, an dem die – derzeit gescheiterte, nach neuer Anpassung suchende – Mitläuferin ihre quälende Ankündigung gemacht hatte, sie werde möglicherweise demnächst »in stolzer Trauer« den Verlust ihrer privaten Gefühle mitteilen, hatten einige aus dem Freundeskreis, wenn sie ohne die Frau zusammenkamen, von Hysterie gesprochen. Was mochten sie hinter dem Rücken des Westdeutschen sagen? Er vermutete, sie würden sarkastisch feststellen, daß er, von seinem Beobachtungsposten aus, gut reden habe übers Generelle. In dieser Phase war das jeweils Besondere nähergerückt. Aus den Zeugen einer -unfaßlichen Gegenwart wurden Spekulierer, Kundschafter, Horcher in eigener Sache: in den Fragen nach der eigenen nächsten Zukunft.

Gründungsabsichten wurden diskutiert. Sollte man sich, noch mit dem bisherigen Geld, an einer neuen Zeitschrift beteiligen? Überlebenszahlen machten die Runde: Wie viele würden in diesem Verlag oder an jenem Institut überleben, wenn die Entlassungsguillotine zu köpfen beginnen würde? Erste Sanierungskonzepte wurden bekannt: Planspiele vor der baldigen Umwandlung in die Praxis.

Wem gehörte das Grundstück, auf dem einer der Freunde eine Datsche gebaut hatte? »Mit einer Feierabend-Brigade, ein paar Mark Westgeld und mit eigenen Händen.« Der Mann wies seine Hände vor, als sollten Schwielen einen Anspruch begründen. Es waren die Hände eines Dramaturgen, abgegriffen seit jeher, allenfalls vom Umblättern der Manuskriptseiten. Viel hatte er gewiß nicht getan beim Errichten des Wochenendhäuschens. Er mochte die drei Nadelbäume gepflanzt haben (»Kein Laub, pflegeleichter Garten, ein Ideal auch des Westens«), die das Wiesengrundstück (Wem gehörte es?) in den Augen des Besitzers »auflokkerten«. Seine Frau bestärkte den Verdacht der Freunde, daß der Mann eher das Bauen beaufsichtigt und seine Beziehungen eingebracht habe, als selber eine Schaufel oder eine Maurerkelle zur Hand zu nehmen. (Worauf gründeten sich die Beziehungen des Dramaturgen? Zugang zu Theaterkarten?)

Die Frau des Theatermannes unterstrich die Wohnlichkeit, den Komfort der Datsche: »Das Bad ist gekachelt. Dafür haben wir die Westmark gebraucht.« Dann fragte sie: »Ob man das Häuschen im Sommer an Westler vermieten kann? Es ist sehr ruhig da draußen. Wieviel könnte man wohl verlangen?«

Der Zuhörer hatte den Eindruck, das Ehepaar habe im Freundeskreis ein Gespräch von Sorge und Hoffnung fortgesetzt, das es in letzter Zeit öfter schon zu Hause geführt hatte: ein Textentwurf (ruhig gelegen, gut ausgestattet, schöner Garten) für eine Zeitungsanzeige, falls man das Grundstück behalten würde.

Je näher der Tag kam, an dem das neue Geld mitregieren würde, um so häufiger war von Arbeitslosigkeit die Rede. Aus den vorerst noch abstrakten Überlebenszahlen wurden konkrete Fragen: Was sie bedeuten würde – materiell, seelisch, in ihrem Alter? Noch hatte das Los keinen aus dem Kreis getroffen. In den Gesprächen jetzt überwiegend mit den Erwartungen der einzelnen befaßt, Erwartungen zwischen Grafikausstellungen, die man nun endlich ohne Mitsprache des Kulturapparats bewerkstelligen könne, und vorzeitigem Ruhestand, gerieten die Freunde über einen Begriff in eine einigende, allgemeine Erbitterung. Der Begriff war: verdeckte Arbeitslosigkeit, die es in der DDR schon seit langem gegeben habe. Die Freunde bestritten das Faktum nicht, aber es empörte sie die Gleichsetzung einer statistisch gemessenen, volkswirtschaftlichen Tatsache mit dem Lebensgefühl eines Menschen, einen Arbeitsplatz, wie unrationell, wie wenig produktiv dieser auch sein möge, zu besitzen oder nicht zu besitzen. Hier werde aus parteilichem Interesse, und die Partei sei dabei die Bundesrepublik, den künftigen Arbeitslosen vorbeugend die Einsicht nahegebracht, daß ihre Situation, aufs Ganze gesehen, gar nichts neues sei.

Einer im Kreis sagte: »Vielleicht müssen wir gar nicht soviel dazulernen. Wir müssen vielleicht vor allem lernen, das andersartige Schönreden der Realität zu erkennen.« Zum Zuhörer gewandt, fügte er die Frage hinzu, ob dieser wetten wolle: Würden die darin geschulten Deutschen aus der DDR die kommenden Manipulationen rasch durchschauen und damit gar den Westdeutschen behilflich sein können, oder würden sie ihnen zum Opfer fallen?

Von der Nation wurde kein einziges Mal gesprochen, obwohl doch die Freunde aus der DDR in den vergangenen Jahren westdeutschen Gästen immer wieder einmal nachzuweisen versucht hatten, daß deren Nationalität von der Amerikanisierung beeinträchtigt worden sei und sie, die Gastgeber, also die weniger verfälschten Deutschen seien. Kaum etwas anderes war damals so verulkt oder auch attackiert worden wie der Versuch eines der Freunde, Gründe für die Entwicklung einer eigenen DDR-Nation darzulegen.

Viel geredet wurde von den Mietpreisen, die man künftig zu erwarten habe. Aber auch nach Kosten einer Reise zu diesem und zu jenem Ziel wurde gefragt. Darüber konnte die Frau einige Auskunft geben, zur Verwunderung derer im Kreis, die noch nicht wußten, daß sie seit ein paar Wochen einen neuen Gefährten hatte: nach dem Mann aus Weißensee, dessen Transitpapier für die Durchreise vom alten Regime zur neuen Ordnung ein CDU-Parteibuch war, und dem West-Berliner, den sie an jenem sentimentalen Abend in die Flucht geschlagen hatte, nun also ein Westdeutscher. Es hatte ihn noch keiner aus der Runde gesehen, aber die Frau hatte dem und der von ihm erzählt; vor allem davon, daß sie mit ihm Pläne schmiede, Reisepläne. Eine Frage, ein wenig boshaft gestellt, ob sie denn nicht von Reisewünschen abgehalten werde durch ihre trübsinnigen Erfahrungen beim Ausflug nach Paris Anfang des Jahres, hatte sie teils einleuchtend, teils dunkel beantwortet: Damals sei sie allein gefahren, diesmal würden sie zu zweit sein. So weit, so verständlich die Antwort.

Und dann: »Losgerissen vom Ankergrund, soll man sich treiben lassen, nicht notgedrungen, sondern bereitwillig, bis man irgendwo anstößt.« Der Sinn war so dunkel nicht, als daß die Freunde ihn nicht hätten deuten können als ein Bild, das die Freundin von ihrer Befindlichkeit gab. Aber die Formulierung mußte doch als verstiegen, als überkandidelt gelten. Wo war ihr alter Ton geblieben, der leichte Zynismus, die praktische Vernünftigkeit? Und wo ihr wütiger Optimismus, die vehemente Entschlossenheit sozusagen nach der ersten Stunde der Mauernacht, den bergenden Anschluß ans Herrschende aus eigenem Handeln oder Unterlassen, nicht aus glücklichem Zufall wieder zu gewinnen?

Nun also »irgendwohin«, womit, wie ihre Worte verrieten, nicht nur eine Reise ins Blaue gemeint war, sondern eine Lebenshaltung ausgedrückt. Schließlich auch: Dieses Bild vom Ankergrund und vom Sich-treiben-lassen. Wieder hinter dem Rücken der Frau meinte einer, was immer sie noch einbüßen werde, vermutlich doch ihren Arbeitsplatz, so habe sie ihren stilistischen Geschmack jedenfalls jetzt schon verloren.

Dieser Abschnitt des Dahinschwindens, dessen Tempo, schneller noch als bisher oder langsamer, kaum zu bestimmen war – deutlich zu erkennen war nur, daß die jeweiligen Besonderheiten nun schwerer wogen als der allgemeine Wandel der Verhältnisse – dieser Abschnitt begann mit einem Fest: Am Abend der Volkskammerwahl hatten sich die Freunde zu einer Wahlparty getroffen. Ausdrücklich war bei der Einladung von »Wahlparty« gesprochen worden. In dem noch unüblichen Wort schwang die Stimmung dieser Wochen mit: ein Anklang von Selbstironie beim Übernehmen westlicher Gewohnheiten.

Die Frau begleitete ihr ältester Sohn, der Siebzehnjährige, mit dem sie in der Mauernacht von der Menge zum Kurfürstendamm getrieben worden war. Einige kamen aus Wahllokalen, wo sie das Auszählen der Stimmen beobachtet hatten. Sie wollten sich den Anschein von Gleichgültigkeit geben, alberten über Wahlen einst und jetzt, waren aber hinter ihren Witzchen beeindruckt von ihrer neuen Rolle als korrekt nachgezählte Stimmbürger. Die alkoholischen Getränke, neben Tee und Margon-Wasser, die zur Selbstbedienung auf einem Tisch im Flur abgestellt waren, bewiesen die Öffnung der Grenzen, die Vermischung der Welten: Nordhäuser Korn und Whisky, westliches und heimisches Bier, Edelzwicker und der übliche ungarische Wein, eine Flasche Saale-Unstrut. Die Salate, Tomaten, Früchte und Käse waren Vorboten des freien Warenverkehrs, aber den Mittelpunkt des Speiseangebots bildeten Buletten und die Soljanka, die bäuerliche, russische Eintopfsuppe aus den Resten der Woche; die Tagessuppe der DDR-Gaststätten, mit der die sowjetische Macht ihren nun zerrinnenden Einfluß kulinarisch bis zur

Elbe markiert hatte, so, wie die USA auf dem anderen Ufer des Stroms mit dem Hackfleisch im Brötchen.

Der Chronist hoffte, daß eine gute Soljanka den Abzug der Russen überdauern würde: eine Errungenschaft der DDR, spottete er, die ins größere Deutschland eingebracht werden könnte. Die Frau griff seinen Ton auf und nannte die Zusammenkunft des Abends eine »DDR-Spätlese«.

Der Gastgeber sammelte Zettel ein, auf denen die Freunde ihre Wahlschätzungen notiert hatten. Der Preis für den Sieger in diesem Zahlenspiel war an die Flaschen auf dem Tisch im Flur angelehnt: die Autobiographie Erich Honeckers, dessen Foto auf dem Buchumschlag vor hellblauem Hintergrund einen verhalten lächelnden Mund und forschende Augen zeigte.

Der Freundeskreis, soweit in Ost-Berlin zu Hause, war an diesem Abend fast vollständig versammelt. Hinzu kamen noch, es sollte eine große Party sein, Bekannte des Gastgeber-Ehepaars, auch zwei jüngst erworbene aus West-Berlin darunter. Die beiden Wohnzimmer, zwischen denen die Schiebetür geöffnet war, boten nicht Platz für alle. Auch in der geräumigen Küche und im Korridor saßen und standen Gäste.

Hochrechnungen vorläufiger Ergebnisse, Stellungnahmen von Politikern brachten die Schar vor dem Fernsehapparat zusammen, dicht gedrängt war sie, Ausrufe, kommentierende Bemerkungen übertönten einander, dann zerstreute die Ansammlung sich wieder, in Gruppen kehrte man zu den unterbrochenen, durch die Mitteilungen des Fernsehens neu akzentuierten Gesprächen zurück. Es wurde viel getrunken. Der häufige Wechsel von Zusammenströmen und Auseinandergehen, die Fragen derer, die zu spät für die jüngsten Prozentzahlen vor den Apparat gekommen waren, das ungeduldige Verlangen jener, die vorn saßen und weiteres hören wollten, man möge still sein – die Lebhaftigkeit der Party grenzte an Nervosität.

Die Frau schlug vor, den Fernsehapparat abzuschalten und die einstige Gleichgültigkeit gegenüber Wahlergebnissen für diesen einen Abend noch einmal zu bewahren: »Es ist doch nicht der Beginn des Neuen, sondern die Abwicklung des Alten.«

Einige nahmen die Anregung als mißglückten Scherz auf, gönnten ihr ein dünnes Lachen. Andere widersprachen ernsthaft und führten aus, was die Stimmenverteilung unter den Parteien über die richtigen und falschen Hoffnungen im Land besagten. Erste Ansprüche auf den Siegerpreis für die zutreffendste Vorhersage wurden erhoben und sogleich auch bestritten.

Drei Gäste kündigten an, sie wollten nun zu anderen Parties wechseln. Zwei von ihnen zog es zu der des Bündnis 90, die wohl eher eine Trotzfeier sein würde; den dritten drängte es zur PDS. Sie blieben dann aber doch noch für die nächsten Hochrechnungen.

Unter den Gästen war auch einer der beiden Männer, von denen im Freundeskreis behauptet wurde, sie hätten dem Staatssicherheitsdienst Berichte geliefert. Berichte worüber? Über die Gespräche im Kreis? Oder gehörten die beiden noch anderen, berichtsträchtigeren Kreisen an, von denen die Freunde nichts wußten? Oder wurden sie zu Unrecht verdächtigt? Und hatte die Frau diesen Mann im Auge, als sie in der Gruppe, der sie sich beigesellt hatte, die Unterhaltung in Bahnen lenkte, die Fragen staatlicher Ausspähung von Bürgern und Bürgerinnen, verstohlen arbeitender Zuträger, der Arglosigkeit hintergangener Freunde berührten? War ihr Sinn auf Kolportage gerichtet, auf ein Salonstück im Geheimdienstmilieu, auf ein dramatisches Geständnis? Rechnete sie damit, daß der Verdächtigte sich verfärben würde, sobald sie ihn thematisch eingekreist hätte?

Wollte sie ihm am Ende die Aufforderung entgegenschleudern: Berichte uns, was du berichtet hast?

Gewiß lag nichts davon in ihrer Absicht. Schließlich hatte sie ihrem nüchternen Verstand niemals erlaubt, wirklichkeitsfremde Erwartungen zu hegen. Sie war sich, während sie sprach, vermutlich nicht einmal des Verdachts bewußt, der auf diesen Mann gefallen war.

Wie nun schon häufig seit der Mauernacht, gab sie nur dem Bedürfnis nach, ihre Empfindungen, die wechselnden Resultate ihres Grübelns auszubreiten. Ein Nachholen von früher sorgfältig Versäumtem? Die Frau kam umständlich, erst nach allgemeinen, geradezu philosophischen Bemerkungen zum Stasi-Thema. Und wie so oft, seit sie sich äußerte, sich preisgab, bedachte sie nicht, ob Zeit und Ort, die Stimmung im Kreis günstig dafür waren. Aber vielleicht war dieser Wahlabend, der den Beginn der Schlußstrecke markierte, eine so gute Gelegenheit wie kaum eine andere?

Die Monate seit dem vorigen November waren überbordet mit Merkdaten von der Art: zum letzten Mal, zum ersten Mal. Meistens war das eine die Voraussetzung für das andere. Dieser Tag nun, der Anlaß zur »Party« gegeben habe, meinte die Frau und sprach das Wort mit einem dunklen A aus, amerikanischer als englisch, was wie eine Übertreibung wirkte, von der nicht zu sagen war, ob sie ironische Distanz ausdrücken sollte oder der unsicheren Verwendung der bisher wenig benutzten Fremdsprache entsprang – dieser Tag verbinde erstes und letztes Mal in einem Akt: die erste Wahl nach westlichem Muster werde auch, nach allem, was sich abzeichne, die letzte zur Volkskammer der DDR sein. Altes und Neues mischten sich in dieser Wahl; das Alte werde vom Neuen mitgeschleppt. Es war platt, was sie über das »Im-Nacken-Sitzen« sagte, aber es war wohl zutreffender auf die Lage im Land, auf die Gefühle der Wähler als die Beteuerungen der erfolgreichen Politiker im Fernsehen über das so ganz Neue, das mit diesem Märztag beginne.

Die Frau hatte zu jeder Hochrechnung, und die folgten jetzt immer schneller aufeinander, ein Glas Wein geleert, wozu sie abwechselnd einen Trinkspruch »auf die alten Weggefährten, die Blockparteien« und »die neuen politischen Kräfte unter demselben oder wenig veränderten Namen« ausbrachte; ein Brückenschlag, der es ihr auch ermöglichte, ihre ehemalige Partei, die SED, und die PDS in ihre Trinksitte des heutigen Abends einzubeziehen. Ihr, so die Frau – und der Edelzwicker, den sie bevorzugte, hatte ihre Stimme noch nicht trunken gemacht, jedoch eine leichte Verzögerung im Sprechen bewirkt –, ihr könne es nur gelegen kommen, wenn jedenfalls die Menschen die alten blieben; künftig in einer anderen gesellschaftlichen Ordnung lebend, im Besitz neuer Rechte, ausgestattet mit Reisefreiheit: aber im Grunde doch der alte Adam, die alte Eva. Damit seien auch die Einrichtung, das Verhaltensmuster der mehrheitlichen Mitläuferei gesichert: das feste Ufer.

Kein Zweifel konnte bestehen, daß die Frau mit diesen Bemerkungen auf sich selber hinweisen wollte, als einstmals praktizierende Mitläuferin erkannt zu werden wünschte. Der westdeutsche Zuhörer erinnerte sich, wie bewußt sie früher den Begriff vermieden und das Benennen der Nachweise ihres Verhaltens gescheut hatte. Er erschrak vor dieser absichtlichen Selbstentblößung, hinter der er mehr vermutete als eine vom Wein entzündete Augenblickslaune. Sie schien ihm ein weiteres Indiz zu sein für die neuerliche Unstetigkeit des Selbstbewußtseins der Frau. (Wenige Wochen später hörte er sie dann reden vom Treibenlassen, bis man irgendwo wieder lande.)

Mitläufer, führte sie weiter aus, würden immer gebraucht: »Wir werden alle weitermachen können.« Dies war nun wiederum eine der

Taktlosigkeiten, an die sie ihre Freunde in den vergangenen Monaten gewöhnt hatte. War ein solcher Glaubenssatz – wie einen solchen nämlich, mit erhobener Stimme, hatte die Frau ihn vorgetragen – am Abend des Tages angemessen, an dem die Ost-Berliner Gäste der Party ihr Wahlrecht ausgeübt hatten und nun an den Hochrechnungen ihren Machtanteil ablasen?

Die Fremden in der Gruppe, in der die Frau saß, schwiegen. Aber einer der Freunde erwiderte böse: »Du bist die alte geblieben, das ist wahr. Das einzig Neue an dir ist: Du nennst beim Namen, was du bisher nur ausgeübt hast.«

So hatten sie im vertrauten Kreis früher niemals wegen politischer Meinungsverschiedenheiten miteinander gesprochen. Ihre Differenzen mochten in der Sache wesentlich gewesen sein (seit Jahren immer wieder: Gorbatschow), sie hatten jedoch den Stachel auf die Person gemünzter Kränkungen nicht gekannt, soweit von Politik die Rede war. War das der Segen gewesen, der aus der erkannten Ohnmacht resultierte? Die Wohltat der Begrenzung? Der Vorteil der Bevormundung? Der Lohn der Zurückhaltung selbst noch unter Vertrauten?

Die Frau beachtete den Angreifer zunächst nicht. Der stieß noch einmal nach, nun schon weniger aufgebracht, fast werbend: »Hältst du nicht für möglich, daß wir Eingemauerten in unseren Entwicklungen, unseren Einsichten gehemmt worden sind? Daß wir sogar in unserer menschlichen Reife über die Mauer nicht hinausgewachsen sind? Dein Optimismus scheint verflogen zu sein. Setzt du auf nichts weiteres mehr als gerade noch auf die Freiheit, auszusprechen, was du bist und tust?«

Jetzt reagierte sie. Der Hohn, mit dem sie ihre Trinksprüche vorgetragen hatte, war umgeschlagen in eine kühle Gelassenheit, die freilich, der Tonfall ließ es erkennen, brüchig war und benachbart einer zornigen Entschiedenheit. Offenkundig hatte sie nicht das Aufdekken ihres Mitläufertums gekränkt, den Pfeil hatte sie selber in den Bogen gespannt. Scheinbar gelassen, aber gewiß entschieden wollte sie deutlich machen, daß sie die Hoffnung, die Erwartung des Freundes auf einen durch den Fall der Mauer veränderten Menschen um keinen Preis teilte: Nein, sie könne an den anderen Menschen, anders, weil freigesetzt, nicht glauben. Neuartige Verhaltensweisen in grundlegend veränderten Umständen – natürlich. Vielleicht sogar andere Eigenschaften, andere Talente für den Aufstieg: »In Grenzen, neben den altbewährten.« Aber ein im Wesen anderer Mensch? Nein. Worauf der Freund baue, erinnere sie nur allzugut an die Beschwörungen des neuen Menschen durch das alte System.

Der Wortwechsel hielt die Gruppe davon ab, zur neuesten Hochrechnung nach nebenan zu gehen. Der Sohn der Mitläuferin saß auf dem Boden, den Rücken an die Wand gelehnt. Er hatte sich den Abend über da und dort kurz in ein Gespräch ziehen lassen, zumeist war er schweigend durch die Zimmer gegangen. Nun hörte er dem Dialog zu, dessen größeren Teil seine Mutter beanspruchte.

Diese war mit ihren nächsten Sätzen dem Zorn spürbar näher als der Gelassenheit. Sie hob die Stimme nicht, aber was sie sagte, wurde jetzt zügig vorgebracht: wie man über dünnes Eis eilt. Sie griff den Einwand des Gesprächspartners auf, so, wie sie es deute, habe er es mit dem neuen Menschen nicht gemeint; an den glaube er in einem solchen Sinne auch nicht. Das gerade, antwortete sie, sei das Erbitternde: Wen man festnagele auf der Illusion, der beteuere sogleich, da habe man ihn falsch verstanden. Selbst die Genossen von der SED hätten gesprächsweise ihre Behauptung abgeschwächt, ein gänzlich anderer Adam, eine vollständig neue Eva entwickelten sich, nein: existierten schon. Aber gleich nach einem solchen taktischen Zugeständnis kehrten die, die den Menschen nicht so nehmen wollten, wie er ist, zu ihrem Verlangen zurück: nun also nicht mehr das ganz neue, jedoch immer noch ein ziemlich neues Menschenpaar; nicht komplett anders, aber doch, gefälligst, bedeutend anders. Ein Traum, der in Wahrheit ein Anspruch, eine Überforderung sei.

Der westdeutsche Zuhörer dachte an ihr Gespräch auf dem Ausflug über Land, beim Spaziergang um den schwarzen See. In seinem Empfinden gegenüber der Frau stritt die Sympathie für ihre Auffassung vom Menschen, die seiner verwandt war, mit dem Erschrecken über ihre Offenheit. Er hatte bisher ihr Menschenbild nicht gekannt, nur gelegentlich waren dessen Umrisse dem Beobachter sichtbar geworden: Das Sich-Verbergen war der Frau ebenso eine Notwendigkeit wie ein Bedürfnis gewesen. Ihre Einsicht in die Unveränderbarkeit des Menschen hatte in der Vergangenheit die Anpassung gerechtfertigt. Hier wurde der Kern ihrer Einstellung zum gesellschaftlichen Leben berührt, und so erklärte sich wohl, daß aus dem anfänglich unbedachten Räsonieren über das Alte, das dem Neuen im Nacken sitze, die Schultern niederdrücke, daß aus der peinlichen rhetorischen Bekräftigung des Mitläufertums als immerwährende Arteigenheit nun ein Credo wurde; allen ungewohnt an der Frau, gewiß nicht vom Alkohol inspiriert, aber doch beeinflußt. Es wurde einer jener Gesprächsbeiträge, die man am nächsten Morgen bedauert.

»Den Grund für meinen Optimismus damals«, sagte die Frau, und man hätte meinen können, sie berichte von einem anderen Leben, obwohl die Zeit, auf die sich sich bezog, noch kaum ein Vierteljahr zurücklag. Man mußte, wenn man ihr jetzt zuhörte, die allgemeine, die herrschende Tatsache fest im Sinn behalten, daß das andere Leben vor der Mauernacht zu bestehen gewesen war und seither ein wahrhaft neues begonnen hatte, welches doch nicht schon nach drei, vier Monaten als Vergangenheit gelten konnte. Man hatte im Interesse der Frau zu unterstellen, daß die hektische Stimmung, die auf der Wahlparty aus der sonderbaren Kommunikation zwischen den Gästen und dem Fernsehapparat entstanden war, auch die Verantwortung trug für ihre dunklen Gedanken. Wie der Mitläuferin, so mochte es heute abend manchen ergehen im Land. Diese Stimmung würde verfliegen. Morgen, so war zu hoffen, würde die Frau mit Kopfschmerzen erwachen, nachträglich ihren Ausspruch als einen Anfall von Wendewut diagnostizieren und wieder gefaßt sein. Andernfalls, also bei einem Andauern ihrer Abweichung vom neuen, frischen Mut war sie als ein Einzelfall anzusehen – was freilich eben das wäre, was sie ihr bisheriges Leben lang beflissen gewesen war, zu verhindern. Ihre Ausführungen wurden anfangs von ein paar Zwischenrufen »Hört, hört« begleitet, gutmütigen Anspielungen auf den Parlamentarismus, dem der Tag gewidmet war. Aber bald verstummten die Unterbrechungen, niemand in der Gruppe rückte von der Frau ab (was in dem beengten Raum auch schwierig gewesen wäre), dennoch entstand der Eindruck, sie spreche aus einer Isolierung heraus.

Die Frau sagte: »Den Grund für meinen Optimismus damals, den kenne ich inzwischen. Ich kann ihn benennen. Und je mehr er sich vor mir entlarvt, um so wütender werde ich auf mich. Wütend, weil ich auf meine optimistischen Erwartungen hereingefallen bin. Ich hätte es doch besser wissen können.«

Sie unterbrach sich selber, um ein mögliches Mißverständnis auszuschließen: »Übrigens waren es keine beruflichen Erwartungen, in denen ich mich jetzt getäuscht sehe. Da habe ich mir von Anfang an wenig Hoffnung gemacht«. Höhnisch, was diesmal ganz als Selbstverstümmelung zu verstehen war, setzte sie fort: »Worauf kann ich als Komplizin von Verbrechern schon rechnen?« An dieser Stelle rief einer der Zuhörer sein »Hört, hört« dazwischen; ein Freundesdienst, dem die Absicht zugrundelag, aufs Witzige, Ironische, Nicht-ernst-Gemeinte hinzuführen; eine herzliche Warnung, die im »Hört, hört« ein »Halt, halt« ausdrücken wollte. Die Frau brachte unbeirrt ihren Einschub über die vermuteten Berufsaussichten zu Ende: Aber ob Komplize, Mitläufer oder auch Opfer, alle hätten sich am Arbeitsplatz auf unsichere Zeiten einzurichten. Darin habe sie sich nichts oder jedenfalls nur wenig vorgemacht. Ihr Optimismus der ersten Wochen sei davon unabhängig gewesen.

Und dann weiter im Bekenntnis: »Ich hatte darauf vertraut, das neue System, das westdeutsche, sei wirklich, sei von Grund auf anders als das zerbröckelnde alte.« Zu diesem Satz wurde wieder ein »Hört, hört« eingeworfen, jetzt von einem der Fremden im Kreis; kein verhüllter Ratschlag mehr, sondern nur noch eine Alberei zum Würzen eines Partygesprächs. Die Frau blickte unwillig auf, wie Vortragende es tun, die erkennen müssen, daß nicht alle in der Runde ihre Ernsthaftigkeit teilen: die verhaßte Situation, in der die Selbstergriffenheit das Ergriffensein der anderen weit übersteigt. Sie ließ sich jedoch nicht ablenken: »Nicht nur anders in seinen materiellen Angeboten, obwohl das schon einen gewaltigen Unterschied bedeutet. Allerdings gehört zur Reisefreiheit auch Reisegeld.« Aus der Gruppe kam der Einwand: »Aber dein Junge kann jetzt nach Holland trampen, wenn er mag.«

Es ging ein paar Sätze hin und her über das

nahe Ende des Mangels, der Dürftigkeit, der Beschränkung. Das echte Geld wurde erwähnt, das demnächst ausgegeben werden würde. Die Bemerkung, dies müsse auch verdient werden, man möge beachten, was über die Unsicherheit der Arbeitsplätze gesagt worden sei, wurde heute noch gelassen aufgenommen. Einen Hinweis gab es auf den Zusammenhang von materieller Ausstattung und geistiger Mündigkeit, was ein Spötter dahin ergänzte: in dieser Formulierung trete das Vulgärmarxistische des Kapitalismus zutage. Gelächter. Für einige Augenblicke blühte die Unterhaltung auf zu jenem raren Einklang aus Sinn und Unsinn, aus bedeutungsvollem Argument und einem angemessenen Spott, der den Inhalt des Gesprächs nicht verwässert, sondern schwereloser macht. Es hätte heiter werden können in der Gruppe, zu der, seit die Frau zu sprechen begonnen hatte, Gäste von den anderen Versammlungsplätzen der Wohnung hinzugetreten waren. Der Sohn der Hauptrednerin, an der Wand sitzend, zog seine ausgestreckten Beine zu sich heran. Der Blick auf den Rücken der Mutter war ihm von den neuen Zuhörern verstellt, aber zu verstehen blieb gut, was sie sagte.

Die Mitläuferin, die an diesem Abend aus ihrer Rolle fiel, zwang das Gespräch zur Zielstrebigkeit zurück: »Optimistisch war ich, weil ich glaubte, es werde nun wirklich von Grund auf anders sein. Unter den neuen Umständen und Bedingungen würde man die Menschen akzeptieren, wie sie sind. Sie würden arbeiten, falls sie Arbeit hätten, vielleicht härter, als es bei uns üblich war (ein letztes »Hört, hört« wurde gerufen), aber im übrigen könnten sie den lieben Gott einen guten Mann sein lassen. Kein neuer Mensch, keine Heuchelei von unten nach oben, kein Selbstbetrug oben über unten. Nur Wahlbürger mit, normalerweise, vier Jahren Urlaub von der Politik zwischen den Wahlterminen. Ist das denn nicht das Geheimnis der Vorzüge des pluralistischen Systems? Was ist denn politische Freiheit anderes als das ungeschmälerte, offen ausgeübte Recht, in jeder gewünschten, selbstbestimmten Distanz vom Überbau zu leben? Mit einigem Geschick und wenn man sich nicht einmischte, konnte man das hier auch. Aber mein Optimismus wollte mir einreden, was bisher nur getarnt möglich war, würde künftig als das Selbstverständliche gelten. Wie dumm ich gewesen bin, wie töricht.«

Keine Unterbrechung mehr. War es Betretenheit, was die Zuhörer Blickkontakte vermeiden ließ? Die folgenden Sätze machten das Credo vollends zu einer Ohrenbeichte: »Ich weiß nun auch, warum ich so töricht war. Ich hoffte darauf, endlich eine ehrliche Mitläuferin sein zu können. Was ich meine, ist: Wir sind doch in allen Systemen die Mehrheit. Wieso denn auch nicht? Ich wollte mich niemals einmischen, wollte mich, wenn nicht um Himmels willen, dann des Lebens willen, nur anpassen. Aber zu meiner Überraschung ertappte ich mich, als es die Mauer nicht mehr gab, bei dem Wunsch, jetzt unter allgemeiner Billigung bleiben zu können, was ich meiner Natur nach immer war. Ist dieser Wunsch, Entschuldigung für das Bild, meine Achillesferse als geübte Mitläuferin? Habe sogar ich Träume gehabt im alten System? Träume vom Gutheißen meiner Anpassung, von ihrer Anerkennung als Tugend? Werde ich, nun ich dies Bedürfnis erkannt habe, nur noch bedingt tauglich sein zum Mitlaufen? Bin ich nicht länger mehrheitsfähig?«

Die Frau mußte betrunken sein, um derlei vor Leuten auszubreiten, von denen sie einige zum ersten Mal traf. So viele Hochrechnungen, so viele Trinksprüche. Sie wandte sich dem Manne zu, der mit seinen Mutmaßungen über hinter der Mauer zurückgebliebene menschliche Entwicklungen das Gespräch entzündet hatte: »Auch das Neue, das jetzt für uns gilt, tut so, als gäbe es den anderen Menschen, als würde es ihn künftig geben. Er wird dann frank und frei jedem Vorgesetzten ins Gesicht hinein die eigene Meinung sagen, selbst wenn er von ihm abhängig ist. Du scheinst jedenfalls eine solche Erwartung zu hegen. Deine Frage, ob ich denn nicht mit einem anderen Menschen rechne, nun die Mauer gefallen ist, verrät es. Ich erwartete, das war mein Optimismus, die Befreiung von dem Zwang, so tun zu müssen, als sei man kein Mitläufer. Deine Erwartung hat meine im Laufe der letzten Wochen, je deutlicher wurde, wie das Neue auftritt, sich artikuliert, zuschanden gemacht. Jetzt gibt es den demokratischen Menschen und den nichtdemokratischen. Wie einen Unterschied zwischen anständig und nicht anständig, gutartig und bösartig. Wir werden nun also demnächst auch in der DDR ein menschliches Wesen haben, das sich auf dem Markt behauptet: nicht wegen spezieller Talente, die das alte System nicht beanspruchte, die freilich in der privaten Beschaffungswirtschaft sich durchaus entfalten konnten, sondern als einen neuen, höher entwickelten Menschen. Wir wissen alle: Das stimmt nicht, so wenig, wie es mit dem sozialistischen Menschen gestimmt hat. Zu Hause, in der Bundesrepublik, hält es unsere neue politische Klasse auch nicht so sehr mit dem neuen Menschen. Da läßt sie den herkömmlichen Adam und seine Eva gern gewähren, zieht deren Mitläufernaturell dem Aufmucken einer Minderheit, die von der Norm abweicht, bei weitem vor: jener Minderheit, die vielleicht wirklich, wie alte Kommunisten, an einen neuen Menschen glaubt und die heute die Wahl verloren hat.«

Der bedauernswerte Mann, dem Freundeskreis zugehörig seit vielen Jahren, der nun der Urheber der maßlosen Eröffnungen zu werden drohte, versuchte zu Wort zu kommen. Aber die Frau ließ nicht mehr mit sich reden. »Schon gut, schon gut«, fing sie den Einspruch ab, noch bevor er ausgesprochen war. Der Freund wolle doch nur wiederholen, daß er es so nicht gemeint habe. Niemand meine es so: aber dennoch lasse man es nicht dabei bewenden, einfach nur getrennte Mitläufer zu vereinigen. Die Frau spielte mitten im Redefluß für die Dauer einer Parenthese mit dem Verbum: wenden. Sie schmeckte es ab: »Bewenden, aufwenden, zuwenden, abwenden, verwenden.«

Warum lasse man es nicht bewenden mit der schlichten Vereinigung von Mitläufern? In einem System, wie für sie geschaffen; glücklich jene, die schon länger sich in ihm aufhielten; glücklicher noch die, welche nun hineingelangten. In den ersten Wochen nach der Mauernacht, als man auf beiden Seiten fassungslos gewesen sei, habe man auch nichts anderes im

Sinn gehabt. Abgesehen von der Minderheit, die von einer Erneuerung geträumt habe, in der es keinen Mitläufer mehr geben werden. Dann jedoch habe man im Westen die Sprache wiedergefunden und die Kategorien benannt: Opfer, Täter und deren Komplizen. Dann seien die Unterschiede zwischen hüben und drüben über das hinaus vertieft worden, was man immer schon mit Händen habe greifen, mit Augen habe sehen können: bis in den Unterschied vom entwickelten Menschen und dem entwicklungsgehemmten hinein. Damit werde man lange leben müssen, länger als die DDR selber, ob die nun noch sechs Monate oder zwei Jahre existieren werde. Und anders als bisher könne man nicht einmal vortäuschen, zu den entwickelten zu gehören. Schon ein tabellarischer Lebenslauf enthülle: aufgewachsen in der einstigen DDR, ein Ehemaliger, eine Ehemalige.

Bissig jetzt: »Als ob die Mitläufer drüben nicht auch Mitläufer hier gewesen wären. Aber natürlich können Politiker und Journalisten und Intellektuelle die große Zeit nicht in einer so kleinen Wahrheit ausdrücken. Das haben unsere alten nicht gekonnt, und es ist auch nicht die Art unserer neuen. Obwohl die doch das Beste verwalten und einräumen, was unsereins sich erhoffen kann: erwünschte Abstinenz von der Politik, außer an den Wahltagen. Täusche ich mich etwa darin? Sollte ich mich so getrogen haben in dem, was mich immer am Westen angezogen hat? Welche Befreiung, wenn man sich zur geübten Praxis auch als dem geistigen Ideal bekennen würde. Aber nein. Statt dessen wirkt die öffentliche Meinung darauf hin, daß die westdeutschen Mitläufer auf uns Mitläufer hier mit Fingern weisen, weil wir Mitläufer gewesen sind.«

Die Frau schien von einer Einsicht überrascht zu sein, bis zu der sie sich in ihrem Redezwang, denn unter einem solchen mußte sie gestanden haben, durchgesprochen hatte. Zweiflerisch fragte sie: »Oder gehört zur Ausrüstung des perfekten Mitläufers diese gläubige Selbsttäuschung? Erkennen sich unsere westdeutschen Artverwandten vielleicht wirklich nicht wieder in uns?« Ein kurzes Schweigen, und dann kehrte sie, zum Schluß nun, noch einmal das spitzfindig-heitere Wesen heraus, das ihr in gewöhnlichen Zeitläuften zu eigen gewesen war: »Ich habe mich selbst widerlegt. Wie ich mich hier geäußert habe, beweist: Es gibt den neuen Menschen. Ich bin es.«

Kein Applaus, obwohl man ihrer Anstrengung, über Selbstironie zu einem erträglichen Ende zu gelangen, Beifall hätte spenden können.

Niemand wollte jetzt das Wort an sie richten. Als sei die Frau abwesend, kommentierte einer in der Runde den Wirrwarr ihrer Ergießungen: »Nur sehr bedingt schlüssig, aber bedingungslos selbstgewiß.« Was aus ihm sprach, war die Rücksichtslosigkeit, die von Erschöpfung ausgehen kann.

Der Sohn hatte das Zimmer verlassen, andere Zuhörer schlossen sich ihm an. Der kleiner gewordene Kreis ließ sich das vorläufige amtliche Endergebnis zurufen, das eben aus dem Fernsehapparat verkündet worden war. Sie saßen zusammen in der Unentschlossenheit, die ein später Abend mit sich bringt. Noch bleiben und dann keinen vernünftigen Abgang mehr finden? Das nun mitgeteilte Wahlresultat zum Anlaß nehmen, um sich zu verabschieden: dafür sind wir hier gewesen, das war es? Aber jetzt aufbrechen, wäre das nicht allzu brüsk gegenüber der Frau? Sie hatte die Freunde in Verlegenheit gesetzt, gerade auch vor den Fremden, die ihren Schlußfolgerungen aus der ursprünglichen und der nachfolgenden Wendezeit zugehört hatten. Einem Entwicklungsroman von insgesamt vier Monaten, aber diese so beschaffen, daß sie, möglich, möglich nicht in einem und noch weniger in zwei Leben, dem davor und dem seither, zu bewältigen waren. Würden die Gäste aus dem Westen meinen, man stimme mit der Redewütigen überein? Müßte man nicht einiges zurechtrücken, korrigieren, erläutern? Um Verständnis bitten?

Die Frau durchkreuzte jede gute Absicht, die einer gehabt haben mochte: Noch ein Glas trinken, ein harmloses Thema anschneiden, sich unbefangen geben und dann, allmählich, eine Gute Nacht wünschen. Das Alte im Neuen, sagte sie, und sprach also schon wieder, noch bevor einer im Kreis einen Ausweg aus der Unbehaglichkeit hätte finden können. Das Alte im Neuen, und mit dieser Floskel kam sie noch einmal auf den Anfang ihrer langen Rede zurück: das sei ja auch, das Alte nämlich, teilweise etwas ganz Neues. Der Satz hörte sich an wie der in sich gekehrte Aberwitz, wie die Gedankenpirouette eines Menschen, kurz bevor er von dem Seil stürzt, das die Trunkenheit ihm gespannt hat. Aber die Frau hielt sich oben, verlor weder das Seil unter den Füßen noch den Gesprächsfaden.

Ob die Freunde sich erinnerten, fragte sie, an die komischen Figuren, die immer, auch bei Sonnenschein, verregnet ausgesehen hätten mit ihren ungebügelten Hosen und den zerknitterten Windjacken? Paarweise hätten sie an den Straßenecken der Protokollstrecke gestanden, wenn ein Staatsgast durch die Hauptstadt gebraust sei. Einkaufsnetze und Aktentaschen aus Plastik hätten sie in den Händen gehalten, um wie Du und Ich auszusehen, wie normale Bürger, die auf dem Nachhauseweg, vorsorglich ein Netz oder eine Tasche für einen Gelegenheitskauf dabei, noch ein paar Minuten miteinander klönten. Die Eckensteher, die Jungen von der Firma »Guck und Horch«, die Vorhut der Vorhut der Arbeiter- und Bauernmacht, die Staatssicherheit. »Wenn es der Zufall wollte, daß wir uns an den Abenden solcher Tage trafen, dann haben wir uns ausgetauscht über die Typen: ›Habt Ihr sie gesehen, die Unauffälligen, die Wachsamen?‹ Wißt Ihr das noch?« Sie deutete die Pointe von zwei, drei Witzen an, die über die »Firma« umgelaufen waren.

Der westdeutsche Zuhörer hatte sie nicht vergessen. Aber, so bedachte er nun, da die Frau in ihrem Rasen (wie er ihre Gier, heute abend das Wort zu führen, inzwischen für sich nannte) auch diese wunde Stelle berührte, aber hatten damals alle im Kreis mitgealbert? Und wer sich etwa, er wußte es nicht mehr, zurückgehalten hatte im Witzereißen: War es mangelhafte Tarnkunst eines gelegentlichen Mitarbeiters gewesen – ein Verdächtigter saß in dieser Runde der Wahlparty – oder die verschwiegene Bedrückung eines Freundes, dem die Stasi nicht nur an der Straßenecke entgegengetreten war?

Dem Chronisten waren Besuche bei Freunden in der DDR im Gedächtnis, die ihn vorher gebeten hatten, seinen West-Wagen ein paar Straßen entfernt zu parken und zu Fuß zu kommen. Er hatte wenig Sinn in einer solchen Maßnahme gesehen, aber sich ihr dennoch gebeugt. Verlangte nicht auch solche Vorsicht Respekt, die doch wohl auf einer Unterschätzung etwaiger Aufpasser beruhte? So vieles in der Deutschen Demokratischen Republik hatte sich auf widersinnige Annahmen gestützt, selbst die Tarnung.

Er erinnerte sich auch an ein paar Menschen, denen er begegnet war und die sich nicht dem Freundeskreis angeschlossen hatten. Nach ein, zwei Gesprächen – nichts, was von Staatswegen belangvoll gewesen wäre – hatten sie ihm zu verstehen gegeben, daß man sich besser nicht wiedersähe. Wen hatten sie geschützt? Einen, der ihn gewarnt hatte, hätte er genau beschreiben können. Einen verkniffenen, kleinen Kerl, Mitglied der Staatspartei, Direktor eines schön gelegenen, kümmerlichen Hotels im Sächsischen, in das er mit Kollegen aus der bundesdeutschen Kolonie zur Feier eines runden Geburtstages gefahren war. Der hatte ihm bei der Begrüßung einen Zettel zugesteckt: Ihr Zimmer wird abgehört. Der Westdeutsche erwiderte der Frau, die von den Eckenstehern gesprochen hatte: »Es war nicht nur komisch.«

Dem stimmte sie zu; bekräftigte, welcher offenen oder verdeckten Verfolgung, welchen Ängsten und Schikanen jene ausgeliefert waren, die auffällig, nicht einmal nach den geltenden Gesetzen auch schon straffällig, nur auffällig geworden waren. Aber sie beharrte auf ihrem Rätselspruch vom »Alten, das teilweise auch ganz neu ist« – und löste ihn auf: »Neu ist für die allermeisten im Land eben doch, daß der Apparat so überdimensional war, vermutlich in manchen Bereichen bis hin zur Selbstzweckmaschine. Was uns jetzt ereilt, ist nachträgliches Entsetzen. Als ob wir alle über den Bodensee geritten wären – was wir aber gar nicht sind.«

Nachträgliches Entsetzen. Und die Stasi gerate mehr und mehr, gerade im Bewußtsein der Unbetroffenen – und in dem der Zuschauer nebenan sowieso –, ins Dämonische: »Ein einmaliges Monster. Zum Fürchten, kein Anlaß zum Nachdenken.« Hier breche nun ein Staat zusammen, die DDR, die ihre Besonderheiten gehabt habe, aber auch das allen Staaten Übliche. Sie möchte wohl wissen, nein, sie möchte lieber nicht wissen, was auch anderwärts ans Tageslicht kommen würde, wenn ein Staatsapparat, ausgestattet heute mit den modernsten technischen Mitteln, bloßgelegt werde. Keine Entschuldigung für die alten Machthaber und deren Augen- und Ohrendiener und Handlanger. Aber warum das nachträgliche und kein voraussehendes Entsetzen? Boshaft endete sie: »Weil ich vom Bodensee gesprochen habe: Sind nicht gerade in der Schweiz, ausgerechnet der Schweiz, ganz böse Karteien über auffällige Mitbürger entdeckt worden? Aber zum letzten Mal wohl hat die DDR, Weltstandard, den sie immer angestrebt hat, die Leistungen eines anderen Landes in den Schatten gestellt.«

Dazu wäre nun wieder vieles zu sagen gewesen. Aber es war spät geworden, und der Abend, dank der Frau, wortwörtlich eintönig. Nun jedoch wurde es noch einmal lebhaft. Vom Korridor und aus dem Nebenzimmer drangen Gelächter und Rufe, in die Hände wurde geklatscht. Der Sohn der Mitläuferin – er mußte sich beeilt haben, um in einer guten halben Stunde nach Hause und zurückzukommen – stand jetzt in der Tür. Groß für seine siebzehn Jahre, ein blasses Gesicht, dunkle Haare. Die Freunde wußten: der Augapfel der Mutter, dem jüngeren Bruder oft genug vorgezogen. Die Gäste nahmen seinen Auftritt als einen gelungenen Scherz, lustiger, als es die Überreichung der Memoiren Honeckers an den Sieger im Wahltoto gewesen war.

Der Junge hatte sich umgezogen. Er stand nun da: im blauen Hemd der FDJ, im Gewand der Freien Deutschen Jugend, der staatlichen Organisation, das Symbol der aufgehenden Sonne am Ärmel. Der Beobachter kannte die Klagen der Mutter über den Widerwillen, mit dem der Sohn seine Anpassungspflichten in der Staatsjugend erfüllte. Aber hier war er also im Blauhemd, wurde dankbar als komische Figur aufgenommen und sah zu seiner Mutter hinüber. Er trat zu dem Kreis, noch immer war das Lachen, waren die Zurufe nicht abgeklungen, nur die der Frau am nächsten Sitzenden hörten ihn: »Komm, bitte. Wir gehen jetzt.« Die Mutter erhob sich, der Sohn flüsterte ihr etwas zu.

Im Korridor, der Beobachter war auch aufgestanden und half der Frau in den Mantel, wiederholte sie dem Westdeutschen, was der Junge ihr gesagt hatte: »Er hat gesagt: Und wenn alles richtig ist, was du von der Mehrheit meinst – warum mußtest du dazugehören?« Sie lachte: »Er hätte mit seiner Frage ja auch warten können, bis wir zu Hause sind. Aber junge Leute haben keine Zeit zu verlieren. Sie werden fürchterlich Gericht über uns halten. Aber ich habe doch recht. Ich bleibe uneinsichtig.«

Als der, der die Mitläuferin seit Jahren beobachtet, ihr zugehört hatte, sich gleich danach von den Gastgebern verabschiedete, wollte er eine Verlegenheit zerstreuen, die der rasche

Abgang von Mutter und Sohn ausgelöst haben mochte. Er meinte unterm Händeschütteln: »Jugend ist ein Fehler, der jeden Tag kleiner wird.« Aber das Ehepaar verstand ihn nicht. Es war noch immer erheitert vom blauen Hemd und hatte auch, so konnte er beruhigt feststellen, von der überwiegenden Einseitigkeit der Unterhaltung in der Runde, die heute abend die Mitläuferin beherrscht hatte, bisher nichts gehört. Danke für die Party. Schön, daß sie hiergewesen sind.

Es folgten die Monate, in denen die Sorgen konkreter wurden und die Freundin im vertrauten Kreis, der sich weiter auflöste, von ihrer Angst sprach, ihre Bindungsfähigkeit einzubüßen, aber auch Reisekosten einzuschätzen wußte. Man hörte, daß sie zu dem neuen, westdeutschen Freund gefahren sei. Im Sommer, das neue Geld war im Land, rief sie den Chronisten im Hotel an. Sie verabredeten sich zum Kaffeetrinken. In Rom war sie gewesen, zu zweit; und schön sei es dort. Aber dinglicher schien es ihr zu sein, von ihren Erfahrungen in der Bundesrepublik zu sprechen. Dort wollten es nun alle »lupenrein«, was die Umstände des bisherigen Lebens in diesem Teil Deutschlands angehe: »Sie können oder sie wollen nicht verstehen, daß – natürlich nur bis zu einem bestimmten Punkt – Drangsalierer und Drangsalierte hier, nebeneinander, auf einer Hochzeit getanzt haben.« Nicht gesprochen wurde von der Beziehung zu dem Freund, mit dem sie in Italien gewesen war; auch nicht von ihren Söhnen, deren älterer, so hieß es im Kreis, aber es mußte nicht zutreffen, zu einem Freund und dessen Eltern gezogen sei. Nun sei er mit dem Schulkameraden unterwegs, auf Reisen. Der jüngere Sohn sei, während die Frau im Westen und Süden sich aufhielt, von der Großmutter versorgt worden. Gut möglich, daß der ältere nach seiner Rückkehr wieder in die Wohnung der Mutter ziehe.

Der ältere Sohn war es dann, der den Chronisten Wochen später telefonisch bat, seine Mutter im Krankenhaus zu besuchen. Nach einer Nierenkolik, schmerzhaft, sehr schmerzhaft, sei sie dort eingewiesen worden. Er ging zu ihr, sobald er die Zeit fand. Es wurde der übliche Besuch, vorgetäuschte Beiläufigkeit, erdrosselnde Munterkeit. Auf dem Krankenhausflur sprach ein Arzt ihn an. Ob er ein Freund, ein guter Bekannter der Patientin sei? Es gehe ihr nicht schlecht. Der Mann im weißen Kittel zögerte, Hospitalismus wolle er nicht sagen, das sei es nicht. Aber eigentlich müßte die Frau längst wieder auf den Beinen sein.